传播新知 优美表达

穿裙子的士：叶嘉莹传

白凝 —— 著

花城出版社
中国·广州

图书在版编目（CIP）数据

穿裙子的士：叶嘉莹传 / 白凝著. -- 广州 ：花城出版社，2025. 1. -- ISBN 978-7-5749-0288-6

Ⅰ. K837.115.6

中国国家版本馆CIP数据核字第2024AP8517号

出 版 人：张　懿
选题策划：王会鹏
责任编辑：李珊珊
责任校对：汤　迪
技术编辑：林佳莹
封面设计：任展志

书　　名	穿裙子的士：叶嘉莹传
	CHUAN QUNZI DE SHI : YE JIAYING ZHUAN
出版发行	花城出版社
	（广州市环市东路水荫路11号）
经　　销	全国新华书店
印　　刷	清淞永业（天津）印刷有限公司
	（天津市宝坻区马家店工业区）
开　　本	880毫米×1230毫米　32开
印　　张	9
字　　数	175,000字
版　　次	2025年1月第1版　2025年1月第1次印刷
定　　价	48.00元

如发现印装质量问题，请直接与印刷厂联系调换。
购书热线：024-23284481

目 录

序言　　　　　　　　　　　　　　　　　1

第一章　故乡是一抹残梦　　　　　5

1. 人间富贵花　　　　　　　　　　　7
2. 童年是人生的底色　　　　　　　　16
3. 故园萦系心魂　　　　　　　　　　24
4. 成长的开端是疼痛　　　　　　　　32

第二章　最美的年华，读最美的诗　41

1. 一梦圆，一梦碎　　　　　　　　　43
2. 那堂课，美化了一生　　　　　　　53
3. 诗中有花开的声音　　　　　　　　63

第三章　远方不是地狱，也不是天堂　77

1. 与往事挥手作别　79
2. 婚姻搁浅了诗心　88
3. 漂泊中寻觅故梦　94
4. 花开惊动乡思　100

第四章　游历中的诗篇，且行且吟　109

1. 总为浮云能蔽日　111
2. 把从前、离恨总成欢，归时说　118
3. 人生只似风前絮　124
4. 故国平居有所思　131

第五章　初心在归处　　　137

1. 阳光掺杂了孤独　　　139
2. 霜红处亦有初心　　　148
3. 万水千山走遍　　　155
4. 向往事寄一缕乡愁　　　166

第六章　叶落归根再出发　　　175

1. 出走半生，乘诗归来　　　177
2. 中国诗词界的一场"旋风"　　　189
3. 唯有诗情是最永恒之美　　　197

第七章　若有诗书藏于心　203

1. 诗魂永不会老去　205
2. 贫瘠的土壤也能开出灿烂的花朵　215
3. 诗如画，词如歌　225

第八章　思接千载，传承古诗词之美　237

1. 诗词的"摆渡人"　239
2. 叶落南开　250
3. 心头有火焰，望一灯燃百千灯　261

后记　271

序言

在时光的长河中，叶嘉莹宛如一颗璀璨的明珠，散发着独特的魅力。如今的她，已至期颐之年，历经百年的沧桑岁月，依然不减当年的活力与魅力。更值得一提的，是叶嘉莹的才情与诗情，有她的地方，就自然拥有诗意，她以诗书为裳，以智慧为妆，将岁月的磨砺化作内心的淡定与从容。

出身于书香世家的叶嘉莹，一生都与她最爱的诗词相伴。她更喜欢别人称自己为"教书先生"，还有中国诗词"摆渡人"。因为在她的生命中，每当遇到过不去的坎儿，总是诗词把她一次又一次从绝境边缘拯救回来。

少年丧母、中年入狱、老年丧女，叶嘉莹的人生，仿佛从来没有安稳过。然而，她总带着一腔诗意，安静地接受命运的每一次捉弄，纵然颠沛流离，也依然能从诗词中找寻美好，一步一步地走向光明。

于叶嘉莹来说，诗词是她的"爱人"。这个爱人虽看似虚幻，却比真实的爱人更能慰藉人心。因为诗词的滋润，她的心灵才从未蒙尘，那段无爱的婚姻，也依然没能泯灭她眼中的柔情。

她总是觉得，这一生，有诗词就已足够。诗词的国度是那样神圣，她也愿意把传播古典诗词当作自己的责任，将毕生的光阴与精力都投入到古典诗词研究当中。在叶嘉莹的努力下，中国古诗词在世界各地复兴，人们尊称她为古典诗歌研究领域第一人，就是因为她为中国古典文学的研究和传承做出了不可磨灭的贡献。

她略显单薄的身躯，在传扬中国古典诗词时，总是显得那样高大。在爱诗的人眼中，叶嘉莹是最美丽也是最豪迈的女子。她曾说："诗，让我们的心灵不死！"正如她所说，九十多岁高龄的她，心中依然装满了明媚的春风。

第一章

故乡是一抹残梦

1. 人间富贵花

如梦韶光里,一抹纯真的梦停驻于心底,无论走多远,都未曾湮灭。绿水清风,三千繁华,都是人世间最可爱的模样。盛夏六月里,一朵富贵花,正于人间徐徐绽放。

那是民国十三年(1924)的北京城,位于西城区察院胡同13号一栋宽敞的四合院里,正传出悦耳的婴儿啼哭声。

这个初临人世的女婴降生在一个显赫的家族。大门上方的那块匾额,用黑底金字写着"进士第"三个大字,这便意味着,从一出生,她便与"学问"二字结下了不解之缘。

新生儿降临的喜悦,弥漫在整个叶家宅院的上空,尤其是女婴的伯父,因为刚刚痛失爱女,所以更加珍视侄女的到来,看着她天真的笑靥,便能稍加抚慰自己的丧女之痛。

家人为女婴取名叶嘉莹，她的生日是农历六月初一，母亲说，六月是荷花的生日，于是，她的小名便叫"荷"，父母常常亲昵地叫她"小荷子"。

叶嘉莹家的显赫，并不只是由于门口悬挂的那块匾额，她名字中的"叶"来自满族姓氏"叶赫那拉"。关于叶赫那拉氏的起源，有一个故事：

相传早在元末明初时，叶赫那拉家族便已世代聚居在东北的叶赫河边，是蒙古裔的满族人。一日，爱新觉罗家族来战，草原上就此燃起烽烟。双方在叶赫城外开战，最后，叶赫那拉氏打败了爱新觉罗氏，从此成为当时东北最大的一支部落，叶赫那拉氏也从那时起，成为女真族的大姓。

到了明朝末年，努尔哈赤率领爱新觉罗氏再度与叶赫那拉氏交战，那场惨烈的战争以叶赫那拉氏战败而告终，草原上的形势从此骤变。

努尔哈赤打败了叶赫部，但只灭其国，不亡其民，将叶赫部的军民和土地全部编入旗籍。从此，叶赫部名存实亡，成为满族姓氏之一。

清政府被推翻后，许多满族人改为汉姓，叶家的这一支，便选了"叶赫那拉"的首字为姓。他们不只姓着汉族的姓氏，更爱汉族的文化。

与叶家同籍的，还有清代著名词人纳兰性德。1990年，76岁的叶嘉莹写成长文《论纳兰性德词》。这是一篇特别的著作，她将纳兰性德的词结合到自己生活、读书的不同阶段之中去品读。

在文章的最后,叶嘉莹还附上了自己的两首小诗,其中一首写道:

我与纳兰同里籍,更同卧子共生辰。
偶对遗编闲评跋,敢言异世有扬云。

深爱着汉人古典文学的纳兰性德,凭借极高的文学造诣,写下"别有根芽,不是人间富贵花"这样忧伤的词句。而刚刚降生于叶家的这朵"富贵花",便是叶嘉莹。长大后的她,与纳兰性德一样深爱着中国的诗词文学。然而,与纳兰性德不同的是,叶嘉莹的人生,纵有忧愁,也活得坚韧。

柔和的春雨,忘情地洗礼着叶嘉莹的童年。那个无忧无虑的岁月,留给她最纯真的记忆,无论何时回想,童年的风景,都是最绚丽的画卷。

从一出生,叶嘉莹就被包围在爱的氛围里。爱她的人不只有父母,还有姨母和伯父。他们都在用自己的方式给予她人世间最温馨的宠爱,在爱与快乐中成长的叶嘉莹,渐渐养成了乐观的性情。

叶家是官宦世家,据光绪二十年(1894)出版的《大清缙绅全书》中记载,叶嘉莹的曾祖父是清朝的二品武官,祖父曾任工部员外郎。所谓名门，除了世代为官，更有家学渊源。叶家是出了名的诗书世家，家中女子个个知书达理、喜好诗词。

叶嘉莹从小便听母亲说，她的外曾祖母在晚年时还自刻了一本诗集，题名为《仲山氏吟草》，而"仲山"二字，便是外曾祖母自己的名号。

叶家的宅院里藏书颇丰，叶嘉莹记得，自己小时候常在偌大的宅院中四处奔跑，有时会随手拿起家中陈设的小物件当玩具把玩。后来回想起来，即便是那些看似不起眼的小物件，都凝聚着浓厚的文化底蕴。

小孩子总是调皮，似乎也不懂什么叫作害怕。小小的女孩子，竟然总是喜欢爬到高处玩耍。曾经，叶嘉莹在家中看到一个很高的橱柜，里面摆放了许多书，便迫不及待地爬上去，一本一本地摆弄。直到从橱柜中发现一个笔记本，叶嘉莹终于停了下来。她翻开笔记本，发现里面有许多手抄的诗句，其中的一句"白水臣心似，青天大道如"一下子便触动了她幼小的心灵。

她不知道这本笔记是谁所写，便拿着去问大伯。大伯说，这是叶嘉莹已故的小叔叔留下的，他毕业于法政学校，能诗能文，是三兄弟中最有才华的人。只可惜，叶嘉莹的小叔叔26岁便离世了，那一橱柜的书便是小叔叔生前的藏书。

叶嘉莹从没有见过小叔叔，也从未见过两位早逝的姑姑。从她记事开始，与父亲同辈的长辈，便只有大伯父一人。

伯父名叫叶廷义，年轻时曾留学日本早稻田大学。那时的进步青年很多选择留学日本，纷纷立志用在海外学到的知识报效祖国。

或许是因为接连经历了一个弟弟和两个妹妹的离世，伯父对亲情格外看重。当得知自己的父亲生了重病，便毅然结束了在日本的学业，回国侍奉父亲。

那时的中国已呈现乱象，伯父在政府机构短暂任职之后，对当时的政府丧失了信心，于是辞职还家，以医术谋生。

叶嘉莹的父亲叶廷元也曾在政府任职，只是他的职务与政治无关。因为毕业于北大英文系，叶廷元便在国民政府航空署中担任翻译工作，许多重要的西方航空书刊皆是由叶廷元翻译而成。

伯父与父亲都是叶嘉莹所崇拜的人。所谓谦谦君子，就是他们的模样。每当他们吟诵起中国的诗词，"书香世家"四个字，便在幼小的叶嘉莹眼前勾勒出具象的模样。

对于叶嘉莹而言，父亲便是她文学的启蒙者。她是在父亲的教导下开始识字的。对于读书人而言，识字是一切的基础，因此，父亲对于教导女儿识字这件事也格外严格。

他总是用毛笔将字写在一张张一寸见方的黄表纸上，叶嘉莹即便不认得那些字，也能看出那字体非常漂亮工整，笔法有力且潇洒俊逸。

父亲教得仔细，叶嘉莹学得认真。有些汉字不止一个读音，

父亲担心叶嘉莹记混,又颇费了一番心思,想到一个好办法:

汉字读音有四声,在叶嘉莹小时候,这四声分别叫作"平、上、去、入"。父亲写在黄表纸上的字,上、下、左、右四个位置,便对应着这四个声调。哪个位置画着小红圈,便代表着这个字应该读哪个声调。

叶嘉莹记得,光是一个"数"字,父亲便不厌其烦地讲解了许多读法和用处。父亲教叶嘉莹识字时,手上会习惯性地拿一支朱笔,就是为了给字的声调位置画圈圈。这个"数"字,是画圈圈最多的一个字,除了平时常用的两个读音和声调之外,父亲还告诉叶嘉莹,它还有一个不常用的读音,类似"促"的发音。

虽然这个读音不常见,父亲还是不愿意随随便便一语带过,反而引经据典,向叶嘉莹讲解这个读音的用法与出处。

父亲说,这个读音出自《孟子·梁惠王》,其中有一句"数罟不入洿池"。所谓"罟",就是捕鱼用的网。这句话的意思,便是不要用网眼细密的渔网在池塘中捕鱼,这样才能放过小鱼,保证鱼的繁育。这句话的言外之意,是劝梁惠王要施行仁政。

其实,父亲的这些讲解,对于当时年幼的叶嘉莹而言,有些深奥,并不是每句话的深意她都能听懂。可奇妙的是,就是在父亲不厌其烦的讲解之下,那些字的读音深深地刻在了叶嘉莹的脑子里,记得很牢。

那时,母亲、姨母、伯母也会时常拿着《唐诗三百首》,用心教叶嘉莹读诗。其中的字,她竟然大部分都认得,这便是父亲严谨教学的功劳。

父亲对每一个字的精细解读，让叶嘉莹在日后的治学过程中养成了严谨的态度，更对她对于诗词的理解产生了巨大的帮助。

叶嘉莹的父母对子女的教育方式可谓别具一格。他们认为，孩子在幼年时期的记忆力最好，应该趁这个时间多读一些古典诗书。与当时小学里学习的那些浅薄语文相比，这些诗书才更有文化底蕴。

于是，他们决定，不"浪费"女儿的时间，不进学校，而是在家里开办私塾。私塾的老师，就是叶嘉莹的姨母。

按照规矩，私塾开课的第一天，要举办隆重的拜师仪式。除了拜老师，还要拜孔子。那时的叶嘉莹，不过六七岁的年纪。她和弟弟规规矩矩地跪在一个写着"至圣先师孔子之位"的木头牌位前，庄重地磕头。

似乎就是在磕头的刹那之间，叶嘉莹忽然明白了"敬畏"的含义。那是一种交织着尊敬与害怕的情绪，怕自己学得不够努力，不够认真，怕辱没了圣人的教诲，于是，便不会任性妄为。

多年以后，每当回想起那场拜师礼，叶嘉莹总会幽默地说："我是给孔子磕过头的。"说这话时，她的语气还带着几分骄傲，或许那是以孔门子弟自居产生的荣耀感。

叶嘉莹的开蒙教材便是《论语》，老师是她的姨母。姨母的授课方式与父亲不同，她不会对单个的文字进行不厌其烦的解释，而是用最简明扼要的语言讲解每一句话的含义。

其实，叶嘉莹并不能全然领会《论语》中的所有内容，她只能发挥小孩子记忆力好的优势，努力将那些深奥的语言一句句背诵得滚瓜烂熟。

"朝闻道夕可死矣""三十而立，四十而不惑，五十而知天命，六十而耳顺"，这些话语背后的深意，对于一个六七岁的孩子而言，实在无法理解。那是只有时光才能解释的内容，唯有经历足够多的光阴，才能在懂得的同时，感受到精神的慰藉。

《论语》与中国古诗词一样，影响着叶嘉莹的一生。在她此后的人生里，每当遇到不得不做出抉择的时候，与之相关的《论语》内容便会跳进她的脑海，指引着她随着孔圣先贤的话去行动。

读过的书，走过的路，都藏在人的气质里。那些饱含哲理的古老话语，撑起了叶嘉莹的精气神，让她在最困苦的时候依然能找到生活的勇气。

多年以后，站在讲台上的叶嘉莹曾告诉自己的学生："影响我的不只是一句话，而是一本书——《论语》，那里面有许多让你读了获益匪浅的名言。"

她也用《论语》中的语言去教导自己的学生，希望一部《论语》能影响更多人的人生。有些话，乍听上去或许觉得空洞，但当体验了人生，便会发现，那些曾经误以为空洞的话语，是教训，是告诫，更是劝谏。

从叶嘉莹读初中开始，父亲便要求她练习文言文写作，甚至要求她给父亲写信汇报学习情况时，也要用文言文。

叶嘉莹没有想到的是，对中文的理解方式，竟然也能运用到对英文的学习当中。

父亲的英文水平极高，叶嘉莹刚开始学习英文的时候，父亲便教她理解中文与英文之间构词的差别。父亲说，中文的多音字读法，与英文动词的"ing"或动名词或形容词的"ed"的使用情况是一样的。英文词尾的字母变化，便代表着词性的变化。把英文单词拼错，就等于把中文读音读错，虽是小错，却不能轻易原谅。

父亲的谆谆教诲，让叶嘉莹受益终身。在叶嘉莹心目中，父亲不只是一名伟大的翻译家，更是一名伟大的教育家。因为他的教育理念，不只是要孩子学会书本中的知识，更在乎让孩子开阔眼界，拥有宽广的格局。

为了让女儿学好英文，父亲还买来许多学习英文的辅助玩具。在叶嘉莹年幼的时候，父亲便为她订阅了一份儿童杂志，里面介绍了许多西方名胜。正是这些玩具和杂志，打开了叶嘉莹的眼界。仿佛从童年开始，西方那些遥远国度就并不陌生，所以，长大之后，她才能迈着那样从容的脚步跨出国门，又以那样端庄的姿态站在讲台上，让西方人了解中国那些美丽的诗词。

2. 童年是人生的底色

在许多旧式家庭里，女性似乎总是看不见的存在。她们默默站在丈夫的背后，没有人能看到她们为家庭所付出的努力。

叶嘉莹的母亲，便是一名传统的中国女性。与许多家庭主妇不同的是，叶嘉莹的母亲是一名知识女性，婚前曾在一所女子职业学校担任教师，婚后有了女儿，便将自己的大部分精力投入对女儿的教育之中。

叶嘉莹记忆中的母亲，丝毫没有旧式女性的怯懦。相反，她是干练的，若放在几十年后，母亲或许应该是职业女性的模样。

从小，母亲便教导叶嘉莹，女孩子应该什么都会，除了诗词、英文，还要学习女红。或许，在母亲的潜意识里，女孩子会得越多，对别人的指望便会越少。如此，才能自立、自强，无论世道多么艰难，也能靠自己的能力活得游刃有余。

于是，叶嘉莹在跟随父亲学习之余，也会跟母亲学习绣花、缝纫与编织。那时家里没有缝纫机，一切都要靠手工完成。母亲手把手地教她学习旗袍的裁剪，再一针一线缝制成美丽的衣服，就连旗袍上那一枚枚华丽的盘扣都是手工制成。制作一件旗袍的过程十分复杂，可叶嘉莹硬是学会了，还亲手为母亲裁制了一件旗袍。

母亲坚持让女儿学习女红，并不只是要她掌握更多的手艺，而是要让她的精神世界更加丰富。

凭叶家的家世，日子无须过得清苦。只是，母亲却从不铺张，家里的日子过得虽简朴，却精致。

出现在人前的母亲，总是选择最得体的装扮。她会根据不同场合、要见的人不同，换上不同的衣服，也会化一点点淡妆，这是对别人，也是对自己最大的尊重。

那时，叶家还保留着许多满族人的习俗。叶嘉莹的伯父和父亲称祖父为阿玛，叶嘉莹不叫自己的祖母奶奶，而是叫太太。在长辈面前，他们要行屈膝礼，男人屈左膝，女人屈双膝。

在祖父母面前，叶嘉莹的大伯母和母亲永远是站着的，因为按照满洲人的规矩，儿媳在公婆面前不得落座。叶嘉莹记得，每一次去向祖父母请安的时候，母亲也是要先化一化妆，在长辈面前得体，也是满洲人的规矩。

每天晚上,叶嘉莹的伯母和母亲都要站在祖母面前,为她读书。什么时候祖母说"好了",她们才可以离开。从那时起,叶嘉莹便开始懂得,包容和忍耐皆是旧式家庭中女子的美德。

在母亲的影响下,叶嘉莹从小就是一副精致得体的模样。每逢节日和生日,她还会收到母亲为她准备的新装,这样一个小小的仪式感,竟能让简单的生活显得隆重起来。

母亲的装扮,影响了叶嘉莹的一生。哪怕是在最混乱的岁月里,她也从不曾让自己的鬓发凌乱。哪怕是在艰苦的岁月里,照片中的她依然精致得体,那是她从母亲那里获得的领悟:人无论在任何境况之下,都要对生活抱有尊重。

童年,是孕育幸福的种子。只有被温柔以待,才能开出美丽的花朵。叶嘉莹的童年底色,是由父母亲笔描绘、书写的,一笔一画,都凝聚着父母的期望,关乎着女儿未来的幸福。

与普通的女孩子比起来,叶嘉莹的童年生活似乎有些"沉闷"。长在深宅大院里的孩子,大都有严格的家教,尤其是女孩子,迈出大门已经是一种奢望,更不可能像胡同里的孩子那样四处疯跑玩耍。

于是,叶嘉莹玩耍的机会少得可怜,寻常人家女孩子会的游戏,她都不会玩,甚至连最简单的荡秋千、踢毽子、跳绳,也不曾体验过。

虽然玩得不多,但叶嘉莹从不觉得自己的童年是枯燥的。有书陪伴,灵魂就不会空虚。她将大部分的时间都用来读书,并从中体会到愉悦。

不过,叶嘉莹心中始终有一个关于童年的遗憾,那就是后海的冰场。每到冬天,北海、什刹海都会结上厚厚的冰,孩子都结伴出去溜冰,叶嘉莹却从没有去过。

这份小小的缺失,并不足以影响叶嘉莹童年的快乐。童心本就是烂漫的,即便在没有阳光照耀的地方,依然遮挡不住童心绽放的金色光芒。

爱美是女孩子的天性,趁着长辈不注意,悄悄将自己打扮成自认为美丽的模样,就足以让叶嘉莹快乐到极点。

那一年,叶家将外院的五间南房租给了一家姓林的房客。林家其中一个女儿与叶嘉莹年龄相仿,两个女孩子很快成了无话不谈的好朋友,还为彼此取了"昵称"。

林家女孩子排行老六,叶嘉莹便称她为"六姐";叶嘉莹小名叫小荷,林家女孩便称她为"荷姐"。

叶家虽是旗人出身,但叶嘉莹从未看过家里人的旗人装扮。许多旧的旗人衣服、鞋帽都收藏在柜子里,叶嘉莹只在母亲整理衣柜时见到过,对那些华丽的旗袍和形状奇怪的鞋子产生了极大的兴趣。

很多年以来,这些旗人的衣服、鞋子都被母亲压在大衣柜的最底层。一日,趁着母亲不在,叶嘉莹便同林家女孩一起,偷偷翻出了那些"花盆底"和"元宝底"的鞋子,每人穿上一双,又穿上旗人的棉袄,学着旗人女子走路的姿态,玩得不亦乐乎。

因为家里没有旗人女子佩戴的"旗头",两个女孩子还弄了一个纸卷,做成旗人的"两把头"的样子,觉得这个装扮简直美极了。

母亲回到家时,正撞见两个女孩子怪模怪样地开心玩耍,叶嘉莹自然少不了挨上一顿责备,可心里的快乐却丝毫没有因为挨骂而减少。

母亲教育子女的方式,是以讲道理为主,很少责骂,更几乎不会动手去打。可是,叶嘉莹四岁那一年,因为挑战祖父在家中的权威,被母亲狠狠打了一顿。

挨打的具体原因,叶嘉莹早已记不清。她只记得,好像是祖父认为她说错了话,一定要让她认错。可当时的叶嘉莹年纪虽小,性子却倔强。她一定要祖父指出自己错在哪里,让祖父给她讲道理,坚决不肯认错。

母亲担心祖父下不来台,只好动手打了叶嘉莹几下,逼着叶嘉莹赶快向祖父认错道歉。其实,母亲打得并不真切,只是做做样子,吓唬一下女儿,让这件事赶紧过去。

没想到,挨了打的叶嘉莹反而更加执拗,坚决不道歉、不认错。如此一来,祖父更生气,说这么小的孩子坚持不肯认错,那一定是打得不够。

母亲无奈,只好用力扇了叶嘉莹一巴掌。这一下打得足够真切,叶嘉莹的小脸足足肿了好几天。但直到最后,叶嘉莹都倔强着不肯认错。

这次挨打，不过是童年一段小小的插曲。叶嘉莹从未怀疑过母亲对自己的疼爱，至于母亲的母亲——外婆，更是叶嘉莹最喜欢的人之一。外婆家，也是叶嘉莹童年最喜欢去的地方。

一幅淡彩浓墨的水墨画，被一支小小的画笔无所畏惧地描绘着。画中是童年无忧无虑的模样，小小的人儿，烂漫地吟诵着诗句，时而快乐，时而激昂，唯独没有忧伤。

叶嘉莹对童年外婆家的记忆，与龙有关。她自幼便听说，位于西直门附近的外婆家的住宅就建在北京的水龙脉上。那是北京城仅有的两条"龙脉"之一，另一条是土龙脉，上面坐落着故宫。

跟妈妈回外婆家，是叶嘉莹童年最快乐的事。外婆家附近是后海，那里是一片繁华闲散之地，临水观山，于繁华中，竟能体会出一抹诗意。

什刹海与北海的景致，从四岁起便被叶嘉莹刻进记忆里。什刹海中间有一条长堤，直通北海的后门。年幼的叶嘉莹可以在北海里面肆无忌惮地跑闹，玩伴是弟弟和小舅舅。母亲通常会找一间茶座，坐在里面静静地等着几个孩子玩累了，再带着他们找一家凉棚，买几碗冰品，让孩子们解馋。

其实，即便母亲带他们去吃冰品，叶嘉莹也是不肯轻易回家的。她总是在凉棚前磨蹭着不肯走，目光流连在那些新鲜莲藕和菱角上面，闻着那清新的鲜果气味，那是独属于北京夏天的气息。

母亲最能读懂女儿的小心思，也愿意满足这并不算奢侈的童趣。每当回想起那段时光，叶嘉莹总觉得自己是幸运的。那一碗碗鲜美的夏日冰品，满足了稚嫩的味蕾，而北京夏夜的夜空，则填充了童年里那些无忧无虑的畅想。

"天阶夜色凉如水，卧看牵牛织女星"，这是叶嘉莹自幼便能背诵的诗句。那时的北京，还有着明净的天空，到了晚上，漫天繁星就那样清晰地闪耀在眼前，年幼的叶嘉莹常常看着看着就痴迷了。即使大人都要回房间去睡觉，叶嘉莹也坚持要留在院子里，坐在小板凳上，仰着头，用像星星一样亮的眸子，仰望繁星。

那样美好的夏夜，是叶嘉莹记忆里的童趣。或许，她骨子里生来便是浪漫的，才能在那样稚嫩的年纪里，吟诵出豆蔻年华的诗句。

叶嘉莹十岁那年，家里来了亲戚。大家想听叶嘉莹背诗，她便随口吟诵出李白的《长干行》：

八月蝴蝶黄，双飞西园草。
感此伤妾心，坐愁红颜老。

十岁的孩子，哪里会有令容颜衰老的忧愁？可她天生敏感多情，小小年纪，便能体会到成人世界的伤感。这或许便是诗人的天赋吧？哪怕一双从身畔轻轻掠过的蝴蝶，也能牵动细腻的少女情思。

或许，容易感动的人，总能比寻常人更容易捕捉到生活里的诗意吧。四季变换，景致更迭，这些生活中再寻常不过的小事，也能幻化成质朴的诗句。

3. 故园萦系心魂

记忆里，总有一座故园矗立在原地。一砖一瓦，一草一木，皆凝聚着亲人的笑容。对于叶嘉莹而言，故园里最珍贵的，不是摆件和风景，而是和睦的家庭氛围。

在叶嘉莹的成长道路上，伯父叶廷乂是最重要的人之一。尤其是在对叶嘉莹的诗词教导方面，伯父的影响力，甚至远远超越了叶嘉莹的父母。

叶嘉莹曾说，自己喜欢读诗、写诗，都是受了伯父的影响。当她开始尝试用文言文写作，伯父便鼓励她试着写一些小诗。

在叶嘉莹的生命里，伯父是与父亲同等重要的长辈。每当父亲因为忙于工作无暇陪伴女儿时，是伯父时常陪在叶嘉莹的身边，在诗词方面对她言传身教，发掘她在诗词方面的天赋。

叶嘉莹与伯父的关系亦师亦友，在伯父面前，叶嘉莹不似在长辈面前那样拘谨。两人时常在一处谈论诗词，有说有笑，宛若一对忘年好友。

因叶嘉莹的天资聪颖，伯父对她也就多了几分偏爱。那时，伯父已开始行医，有意无意地，他开始向叶嘉莹传授一些中医知识。

叶家的晚辈不止叶嘉莹一人，却只有她能单独获得这份"恩宠"。因为在伯父看来，学习中医并不容易，甚至可以说，学习中医，是智者才能完成的修行。中医文化博大精深，几千年来，流传下许多中医典籍，唯有对中国古典文化修养颇深者，才能读懂其中的奥义。除此之外，学习中医的人，还要有极高的天赋，否则根本无法领悟治病救人的药理与医理。

伯父觉得，家里的孩子中，只有叶嘉莹一人有此慧根。于是，他时常一对一地向叶嘉莹授课，讲医术，也讲诗词。

天资聪颖的人，对于喜欢的学科总能触类旁通。不过，与医学相比，叶嘉莹显然对诗词更感兴趣。

伯父的授课方式，更像是闲来无事的聊天。他从不摆出一副严肃的授课架势，总是像讲故事一样，将自己所知道的诗人与词人典故讲给叶嘉莹听。久而久之，这些故事都变成了知识的积累，如同宝藏一般，存储在叶嘉莹的记忆里。

叶嘉莹喜静，哥哥弟弟们忙着四处奔跑玩耍的时候，她便一个人静静地坐在书房里。那里有多到读不完的书，随手翻开一本，便是对精神的洗礼。

她最爱的依然还是诗词书籍，有时读到喜欢的诗词，还要向伯父分享自己的感悟。

叶嘉莹对伯父说，自己读王之涣的《登鹳雀楼》时，不知不觉就会联想到父亲时常吟诵的一首诗：

"大雪满天地，胡为仗剑游。欲谈心里事，同上酒家楼。"

这是清代郑燮的《题游侠图》，每逢冬天下雨时，父亲便喜欢吟诵这几句。再对比王之涣的"白日依山尽，黄河入海流。欲穷千里目，更上一层楼"，叶嘉莹觉得，这两首诗有极为相近的情感。

当她把自己的见解分享给伯父时，却得到了与自己截然不同的见解。伯父觉得，这两首诗有着完全不同的意境。王之涣的《登鹳雀楼》，在是抒发视野的广远；郑燮的《题游侠图》，则是在咏叹内心的感慨。

或许，幼小的叶嘉莹还无法更好地体会两首诗中的深意，但伯父的话却被她牢牢记在心里。类似这样的谈话，还有许多许多。多年以后，回想起与伯父间的对话，叶嘉莹都不禁感叹，伯父对于儿童诗词教育简直堪称专家。这也让她坚定了，诗词教育，应该从孩童抓起。

美丽的中国古典文学，丝丝缕缕渗透进灵魂，滋养出愈发优雅的生命。自从父亲调去上海工作，叶嘉莹便频频用文言文与父亲通信。每写好一封信，她都要先拿去给伯父检查一番。

父亲走后,伯父在叶嘉莹心中越发重要,他提出的修改意见,叶嘉莹一一接受,文言文水平也在伯父的指点下越发进益。

在伯父的鼓励下,叶嘉莹开始试着创作属于自己的诗句。初学写诗的孩子,遣词造句难免生涩,伯父便拿来一些经典的古诗,教叶嘉莹摸索其中的平仄声律。他告诉叶嘉莹,许多古诗不能单纯用北京话来读,否则便会抹杀诗中的韵味。有些被习惯读成平声的字,只有用仄声去读,才能读出声律的美感。

诗词陶冶着心灵,字句吟诵在舌尖,齿颊生香。灵魂有了给养,美丽便由内而外绽放。

叶嘉莹时常在伯父的命题之下作诗,只是,她从未见过伯父写诗。只有在新年将至时,才能看到伯父用崭新的毛笔撰写对联。

如果说伯父教叶嘉莹读诗、写诗是言传,那创作对联则是身教。伯父写对联不仅对毛笔有讲究,就连对联的内容也极有讲究。他的上下联首字,常常对应干支年份,比如,乙酉年他写"乙夜静观前代史,酉山深度不传书";戊子年他则写"戊为吉日诛蟊尽,子绍箕裘号象贤"。

那一副副对联既有声,又有形,将汉字之美体现得淋漓尽致。叶嘉莹甚至觉得,书写对联时的伯父,有些像传说中的世外高人,只用手中的笔与笔下的字,便能收服人心。

平时,伯父在叶家四合院东边的厢房里坐诊。他将一张大书桌摆放在临窗的位置,书桌前方的一个方凳,是病人坐下把

第一章 故乡是一抹残梦

脉的地方，伯父则坐在书桌后方为病人看诊。伯父身穿长衫、头戴黑纱帽的身影，伴着明净的玻璃窗以及窗外的日影，静静地停留在叶嘉莹的记忆中，仿佛一张极具意境的老照片，值得用余生细细欣赏、品味。有时候，伯父也会出诊。除此之外，几乎所有的闲暇时间伯父都用来陪伴叶嘉莹。伯父的形象，是一位慈祥的智者，只要回想起伯父的模样，叶家老宅便会伴随着伯父的身影，在叶嘉莹的记忆中重现。

叶家四合院，不仅是叶嘉莹的家，还是她童年精神世界的乐园，更是她心灵得以安放的地方。

在外人眼中，那是一座充满诗情画意的宅院，永远弥漫着宁静、闲适、安详的氛围。

古人留下过太多有关宅院的诗词，叶嘉莹随口便能吟诵："庭院深深深几许""月下倚闲庭，阶前草又青""对深庭独坐，思绪闲梳"……一座庭院的构造，足以代表中国人素来崇尚的含蓄之美。

叶家的庭院有三进，大门外面有一个门洞，进了门洞，便能看见大门两侧的两只小石狮子。进入大门，里面还有一个门洞，一方小院便隔在门洞后方。

按照中式院落的格局习俗，进入大门，院中的景致不能一览无余，要有风雅之物隔挡，才有"犹抱琵琶半遮面"的韵味。叶家宅院也是如此，进入大门，迎面是一面磨砖的影壁墙，墙中央刻有"水心堂叶"四个字，这与叶嘉莹祖父与伯父学医有关。宋朝研究医学的学者叶氏，号水心，于是便有了叶家宅院影壁墙上的这四个字。

门房与马房都位于大门附近。影壁墙背后那方小院的左侧，还有一处外院，院内有三间客房、两间书房；右侧则是内院，由一道垂花门分隔开来。垂花门里，依然是一处影壁，不同的是，这处影壁不是石砌，而是木制。

实际上，这处影壁，是四扇漆着绿色油漆的木门，每扇门上方各有一个圆形的红色篆体寿字。平时，这四扇木门都是关闭着的，唯有遇到婚丧嫁娶等大事才会打开。

内院共有十一间房，五间北房、三间东厢房、三间西厢房。北方东侧的角门，可以通向后院的花园，在很长一段时间里，花园里的花草，便是叶嘉莹创作诗词的灵感源泉。

只不过，叶家花园里的花草，在叶嘉莹的祖父去世之后才开始出现。祖父在世时，叶家有一条奇怪的规定：不许挖地种花草。因此，叶家庭院里只有几个大花盆，里面种着石榴树和夹竹桃，还有一口夏天用来养荷花的大缸。

叶嘉莹的母亲和伯母都喜欢养花，祖父去世后，她们二人便在北房前与西厢房的窗下各开辟了一处小花池，母亲还在两侧的墙角分别栽种了一棵柳树和一棵枣树。从此，花草香伴随着书香，这座深深的宅院，仿佛拥有了更丰盈的灵魂。

叶嘉莹几乎是在书海中长大的。叶家的藏书实在太多太多，光是书房就有三间，每一间都整整齐齐放满了书架。将这里形容成图书馆，丝毫不为过，据说，当年辅仁大学的很多老师和学生时常来叶家查书。

只可惜，那些藏书伴随着那座古老的庭院，消失在历史的尘烟里。多年以后，当得知弟弟将家中的藏书廉价卖掉，叶嘉莹觉得那根萦系着心魂的线仿佛被割断了。又过了许多年，叶家庭院因为城市改建而被拆除，叶嘉莹更加心痛，那个伴随自己成长的根，仿佛被彻底剜除了。

叶家的庭院，孕育出叶嘉莹的生命与灵魂。即便多年以后她走遍四海，那座古老的庭院依然是她用来安放心灵的地方。对于叶嘉莹而言，只有这座四合院，才能称之为家，其余的住所，只是临时的安身之地而已。

她甚至希望有朝一日将叶家老宅改建成一所书院式的中国古典诗词研究所，可惜，随着老宅的拆除，这样一个美好的愿望终成泡影。

"一生"二字，听上去很长，唯有经历之后才发现，最残酷的莫过于光阴的短暂。人的一生，能看几次花开花落？又能经历几次相遇别离？有时候觉得，波澜不惊才是顺遂的人生；可有时又觉得，若不经历几次沧桑沉浮，似乎虚度了此生。

活着究竟是为了什么？对叶嘉莹而言，活着就是一场经历。经历一场风花雪月，经历一段地老天荒，经历世间万物的更迭，经历人生的变故。在这些经历面前，人是那样渺小。只是，纵然渺小如尘埃的生命，依然渴望拥有一处灵魂栖息之地。

后来，她终于有了各种各样的经历，也有了各种各样的伤痕。岁月的风吹皱了皮肤，身与心，都再也回不到从前。

其实，她也可以骄傲地说，自己的人生是充实、丰盈的。可是，有些心痛，注定无人能懂。每当梦见那座古老又美丽的庭院，她的心灵深处总有一个声音，在述说着孤独。

那座再也回不去的故园，承载着心灵的归属感。曾经走过的路、爱过的人、经历过的事，编织了光阴的快乐与痛楚。若失去了灵魂中的故园，那些悲喜，究竟该如何安放？

4. 成长的开端是疼痛

成长或许美丽，如同春日的蓓蕾迫不及待地绽放；成长或许跌撞，想学会走路就要面对跌倒；成长或许苦涩，不得不接受无数烦恼的挑战与磨砺。经历过这一切，成长也就有了意义。

叶嘉莹十一岁那年，伯父对她说："你自己得作诗，你不能净背古人的诗词。"于是，在伯父的指点下，叶嘉莹开始了作诗生涯。

那时的她，是在深宅大院中读书的少女，宅院外的生活，她很少涉及，但宅院内的夏竹、秋菊、花丛里的蝶、草丛里的虫，已足够成诗。

因为祖父的一句"禁令"，叶家的庭院中几乎没有人敢乱种花。但祖父从未说过不许养竹子，叶嘉莹便从同学家移来一丛竹子，光明正大地栽种在庭院中。从此，这丛竹子，便成了她作诗的灵感源泉：

折窗前雪竹寄嘉富姊

人生相遇本偶然，聚散何殊萍与烟。

忆昔遗我双竿竹，与君皆在垂髫年。

五度秋深绿荫满，此竹常近人常远。

枝枝叶叶四时青，严霜不共芭蕉卷。

昨夜西楼月不明，迷离瘦影似含情。

三更梦破青灯在，忽听琤琤迸雪声。

持灯起向窗前烛，一片冻云白簇簇。

折来三叶寄君前，证取冬心耐寒绿。

这是叶嘉莹在1942年写给同学的诗，那丛竹子便是这位同学所赠。这并不是叶嘉莹写过的唯一一首与竹子有关的诗，她最欣赏竹子的品格，那是一种能抗严寒、斗傲雪的傲骨；那是郑板桥笔下"我自不开花，免撩蜂与蝶"的孤高本色。

于是，叶嘉莹的笔下，便有了这样的诗句：

对窗前秋竹有感

记得年时花满庭，枝梢时见度流萤。

而今花落萤飞尽，忍向西风独自青。

那一年秋天，庭院中的其他花草都已凋零，唯有那一丛竹子，在萧瑟的西风中青翠如故。叶嘉莹眼中的竹子，何止有着顽强的生命力，它更有一种不肯与严寒妥协的执拗，无关风月，尽显气节。

一丛西窗竹，承载了少女情怀的许多浪漫。雨后初晴的落日，带着一抹余晖，迟迟不肯作别人间，另一侧，半轮初升的月影，已经若隐若现。这样美好的景致，叶嘉莹许多次都是站在竹前欣赏的，一阕小令，便淋漓极致地描绘出这日月双全的可爱人间：

浣溪沙

屋脊模糊一角黄，晚晴天气爱斜阳，低飞紫燕入雕梁。

翠袖单寒人倚竹，碧天沉静月窥墙，此时心绪最茫茫。

这是叶嘉莹读大学之前写的一首小令，那时，她笔下的诗词都是凭直觉而作，像这样单纯的诗词，还有许多：

初夏杂咏四绝之一

一庭榴火太披猖，布谷声中艾叶长。

初夏心情无可说，隔帘唯爱枣花香。

叶嘉莹曾说，上了大学之后，受到一些有关诗词的教育，知道了诗词里的喻托，懂得了诗词的境界，也学会了如何进行修辞，却反而写不出小时候那样靠直觉所作的单纯小诗了。

于是，她将自己的疑惑写成诗句：

咏莲
植本出蓬瀛，淤泥不染清。
如来原是幻，何以度苍生。

或许，一切答案，只能到风中去寻找吧。

西窗外的那一丛竹影，滋生了叶嘉莹对万事万物的悲悯。悲天悯人，本就是诗人的情怀，在叶嘉莹的笔下，自然万物，都值得吟咏：

咏菊
不竞繁华日，秋深放最迟。
群芳凋落尽，独有傲霜枝。

同样是在十一岁那一年，叶嘉莹考入了市立第二女中。也是从这时开始，她大量接触诗词，沉溺其中，为之动情。

古人秉烛夜读，叶嘉莹也曾为了欣赏诗词，在被窝里打着手电筒偷偷夜读。她想要读的书实在太多，也是从那时起，叶嘉莹养成了熬夜读书到凌晨的习惯。

母亲是最支持叶嘉莹读书的人，她曾送给叶嘉莹一套开明版的《词学小丛书》，还有一套古典小说，其中还包括四大名著。

这些书为叶嘉莹打开了一扇通往新世界的大门，那是一个美轮美奂的世界，每一本书，都能让叶嘉莹拥有全新的领悟。

她最爱的两本书，是纳兰性德的《饮水词》和王国维的《人间词话》。从小，叶嘉莹在父亲和伯父的教导下，读过许多唐诗，也读过一些宋词，却对词的评赏没有更多领悟，更从未产生过自己写词的念头。

纳兰性德的词，有细腻的情思和忧伤的意境，叶嘉莹虽不懂得判断词的优劣，却被纳兰性德的词句深深吸引。她几乎是一口气读完了整部《饮水词》，不知为何，透过那些词句，她仿佛能将自己代入纳兰性德的生命，悲喜着他的悲喜。

纳兰性德的词，让叶嘉莹从此有了对词句的审美，也开始对写词有了很大的兴趣。只是，在日渐动荡的岁月里，能让她吟诵岁月静好的时光，已经所剩无几。

1935年夏天，《何梅协定》签署，紧随其后，冀东防共自治政府及冀察政务委员会先后成立。从长辈的话语中，叶嘉莹能感受到国土正被侵略，人们变得越来越惶恐不安，那是叶嘉莹人生中第一次体会到"覆巢之下安有完卵"。

1936年12月9日，北平大中学校的学生开展了爱国抗日游行。叶嘉莹亲眼见到大刀队对游行学生的镇压，无数学生被砍伤在大刀之下，那是叶嘉莹此生都难忘的悲惨场景。

1937年，卢沟桥事变爆发，北平沦陷。那时叶嘉莹正在上初中二年级，学校里的一切在新学期开始的那一天发生了变化：先是学校里所有的老师都被更换掉，后来又增加了日语的课程。除此之外，日本人还让学生们把历史、地理课本带到教室，统一涂抹掉与日本为敌、记录日本侵略的段落和语言，有些内容索性整页撕掉。

叶嘉莹想念自己曾经的那些老师，尤其是教国文的纪清漪老师，纪老师喜欢在上课时慷慨激昂地讲抗日、讲革命。还有教英文的姜老师，总是要求学生背诵英文，还要用英文写作。可惜，这些老师只教了短短一个学期。北平沦陷后，学校里不仅再也不许出现任何有关抗日和革命的内容，就连英文课也被换成了日文课。

此时，国民政府节节败退，中国许多主要城市接连失守，学生们却要在日本人的组织下为这些城市的陷落庆祝。上海、南京、长沙……这些都是叶嘉莹父亲随国民政府转移的地方，自从全面抗战爆发以来，父亲已经很久没和家里联系了，就连生死都不确定。

那是一段对所有中国人而言极其艰苦的岁月，叶家也不例外。全家人吃着难以下咽的混合面，身上的衣服都打着补丁。母亲的身体似乎比从前虚弱了很多，这让叶嘉莹突然开始恐惧，她隐隐觉得，母亲仿佛一只秋日里的蝴蝶，在萧瑟的境遇里苦苦挣扎，却终将陨落。

仿佛一夜之间，叶嘉莹便突然领悟出人生的无常。因为有了对生死、聚散的感悟，叶嘉莹笔下的诗词开始出现佛家的空境。

1939年，十五岁的叶嘉莹创作了一首诗：

秋蝶

几度惊飞欲起难，晚风翻怯舞衣单。
三秋一觉庄生梦，满地新霜月乍寒。

"庄生晓梦迷蝴蝶"，那是李商隐《锦瑟》中的诗句。叶嘉莹曾说："我遭遇到很多人生中的挫折、苦难、不幸的事情，我都是用李商隐的诗来化解。"然而，当时的叶嘉莹，却曾用单纯的直言，给予过李商隐的诗句以否定。

李商隐曾写过《送臻师二首》：

其一

昔去灵山非拂席，今来沧海欲求珠。
楞伽顶上清凉地，善眼仙人忆我无？

其二

苦海迷途去未因，东方过此几微尘？

何当百亿莲花上，一一莲花见佛身？

李商隐笔下的莲花与佛法有关，寓意着世人心地如莲花般单纯洁净，若真能如此，便天下太平了。

可叶嘉莹对李商隐口中的佛法却有些迷惑，在那时的她看来，所谓佛与佛法，都是虚幻的，佛是不是存在，也是无法得知的。既然如此，世人如何能够成佛呢？佛法既是虚幻，又如何能普度众生呢？

对佛法的疑惑，源自叶嘉莹此刻正在感受的孤寒与空寂。她看到过那样一只蝴蝶，深秋时节，它就停在西厢房靠南墙边的花池里，尝试了许多次，依然没能展开僵死的翅膀，终究没能再飞起来。

此时，叶嘉莹正在读高中，父亲已经两年没有消息了，母亲的病也日渐严重。叶嘉莹常常坐在房间里沉默得出神，她没有哭泣，可心底的悲哀却比痛哭流涕更加深重。

叶嘉莹十六岁那一年，祖母离世。祖母生前，是最疼爱叶嘉莹的人，只可惜，在生死面前，叶嘉莹实在无力留住最亲的人，她能做的，只是为祖母写一副挽联：

忆昔年觅枣堂前，仰承懿训，提耳诲谆谆。
何竟仙鹤遐飞，寂寞堂帏嗟去渺；
痛此日捧觞灵右，缅想慈容，抚膺呼咄咄。

第一章 故乡是一抹残梦　39

从此文鸾永逝,凄迷云雾望归遥。

一副挽联,已足以凸显叶嘉莹的文学天赋。在学校里,她是国文老师最青睐的学生。同样,国文也是叶嘉莹最喜欢的科目。

诗词文学,早已在不知不觉间融入了叶嘉莹的生命。甚至可以说,对于诗词,叶嘉莹始终抱着一丝敬畏,随着年龄的增长与阅历的丰富,她对于诗词中的人生哲理,也有了更深刻的体悟。

第二章
最美的年华,读最美的诗

1. 一梦圆，一梦碎

人生之旅，一程有一程的盛放，一程有一程的风景。轻轻掸去岁月的尘土，便能打开一页绚丽的华章。

无忧无虑的童年已成过往，叶嘉莹渐渐出落成亭亭玉立的大姑娘。似水年华里，她早已拥有了属于自己的梦想。那时，叶嘉莹高中即将毕业，她的志向是大学报考国文系。为此，每天放学之后，她还要单独去一家国学班补习。

那是一家位于西单牌楼附近的夜校，叶嘉莹白天在学校里上课，晚上就去夜校里学习《诗经》《左传》等儒家经典。当时教《诗经》的先生姓邹，叶嘉莹曾把自己平日里写的诗拿给他看，邹先生看过后非常高兴，还在批语中称赞叶嘉莹"诗有天才，故皆神韵"。

不过，当真正面临大学报考的时候，叶嘉莹犹豫了。若从实用的角度出发，她希望报考北京大学医学系；若听从内心的声音，她还是想报考辅仁大学国文系。

几番徘徊与纠结之后，叶嘉莹不得不用理性的思维来权衡。当时正逢乱世，许多学校都在日伪军的控制当中，而辅仁大学因为是一所教会大学，不受当时日伪军及敌伪的控制。正因如此，辅仁大学吸引来许多颇有风骨的老师，他们都是叶嘉莹最欣赏的人。更让叶嘉莹无法拒绝的是，辅仁大学的招考与放榜都比北京大学更早，在报考北京大学之前，叶嘉莹就收到了辅仁大学的录取通知书。

似乎冥冥中早已注定，叶嘉莹此生与国学结下了解不开的缘分。

虽说叶嘉莹进入辅仁大学国文系，有点像命运的决定，但叶嘉莹为这个结果感到快乐，甚至觉得自己是个幸运的人。

是啊，有多少人能有幸从事自己感兴趣的事业，并将这份事业坚持一生，做出伟大的成就？这样想来，叶嘉莹的确是幸运的。

不过，这份幸运，一多半源自叶嘉莹自己的努力。一切皆是她自己的选择，一切也皆是最好的安排。

十年苦读，一朝圆梦；路途遥遥，不负所期。叶嘉莹的大学时光，终于如期而至。站在辅仁大学校园门口的她，目光澄澈，望向远方，仿佛已经看到自己未来的模样。一段新的故事即将开始，在漫长的人生里，这将是一场跋涉，唯有不忘初心，才能不负所得。

1941年一个明艳的秋日，叶嘉莹款款走进自己梦想中的校园。她终于迎来了自己的大学时代，即将拥抱一段诗情画意的青春。

那时的中国，正值抗日战争的最后四年，辅仁大学校园内外，宛若两个不同的世界。叶嘉莹的大学岁月，也是整个中国的艰苦岁月。学生们忍受着物质生活的匮乏，却享受于精神世界的富足。

朝气蓬勃的年华，无须富有，浪漫自然而然便会在灵魂里滋生。美丽的诗词世界，已经向叶嘉莹敞开大门，给予她浪漫的怀抱，任她沉浸其中。

在叶嘉莹看来，就连辅仁大学所在地都是浪漫的。辅仁大学所在的北京什刹海地区，自古以来便是王公大臣的府园所在地。学校采取男女分校制度，叶嘉莹就读的女校，前身是清朝末年的恭王府。

在"王府"中读大学是多奇妙的经历。古朴幽雅的校园环境，仿佛专门为喜好中国古典文学的叶嘉莹所设。这里是她汲取知识的地方，更是她放飞灵魂的乐园，滋养着她憧憬了多年的古典情怀。

昔日的恭王府，是一处三层院落的建筑。每一层院子都是规整的四方形，院子里其中一间厢房，就是叶嘉莹的教室。

每逢春季，柳絮飘飞，教室的黑板前总是萦绕着吹拂不尽的柳絮。许多师生都不胜其扰，叶嘉莹却总能联想起《红楼梦》中林黛玉所写的《柳絮词》。

有时候徜徉在校园里，叶嘉莹会有如梦似幻之感。这里实在太过美好，美好得甚至有些不真实。

她最喜欢辅仁大学图书馆前面的庭院里那架古老的紫藤。每到暮春时节，粗大的枝干上就会绽放出紫红色的藤萝花，那是如诗般浪漫的颜色，只需一眼，便能永久地镌刻在记忆里。

能吸引叶嘉莹的，大多是幽静之地。上大学之前，她曾在家中养竹；到了大学校园，有竹的地方自然能吸引她的脚步。

辅仁大学的竹园，门上写着"天香庭院"四个字。从小喜欢《红楼梦》的叶嘉莹，觉得将这里称作"潇湘馆"更加合适。

就连女生住宿的宿舍楼，也有雅致的名字——瞻霁楼。楼前有一株缠满了凌霄花的大树，每到夏天，绽开一树杏黄的花朵，美得撼人心魄。

只可惜，这样美好的宿舍楼，叶嘉莹却无权居住。因为她家在北京，不需要住宿。只能趁着每年暑假，许多外地的同学回家，她才能在尚未返家的同学邀请下，在宿舍小住几日，感受这难得的浪漫。

叶嘉莹总是说，能进入辅仁大学国文系，是自己的幸运。可惜，这份幸运背后，竟藏着巨大的悲痛。1941年9月，叶嘉莹正沉浸在初入大学校园的欢喜中时，一场厄运正悄悄降临。

早在1937年七七事变爆发之后，叶嘉莹的父亲随国民政府从上海南迁至大后方，便与家中断了联系。乱世之中，母亲带着叶嘉莹和两个弟弟四处避难，衣食无着，精神与肉体遭受着双重折磨。

到叶嘉莹考入辅仁大学的那一年，父亲已经整整四年音信皆无。这四年来，母亲整日为父亲的安危忧心，又要时刻照顾三个未成年的孩子，自己的一腔心事却无处倾诉。

久而久之，母亲的身体每况愈下，叶嘉莹知道，母亲是抑郁成疾的。眼看着母亲日渐虚弱下去，叶嘉莹很心疼。她能做的，就是尽量帮母亲多做家务，不让母亲提重物、干重活。

人的成长，仿佛是在一夜之间。当无力抵抗命运的残酷，便只能让自己学着坚强。那是母亲第一次夸叶嘉莹懂事，可是，她宁愿永远不懂事，也希望母亲回到从前健康的模样。

一个春日的黄昏，雨后初晴，叶嘉莹站在四合院的西窗竹前，看见东厢房的屋脊笼罩在夕阳的余晖里，屋脊背后的碧空中，半轮初升的月影若隐若现，触景生情，便填了一首小词：

浣溪沙
屋脊模糊一角黄，晚晴天气爱斜阳。低飞紫燕入雕梁。
翠袖单寒人倚竹，碧天沉静月窥墙。此时心绪最茫茫。

西窗下的翠竹，是叶嘉莹自己亲手所植。此时此刻，北平已沦陷了四年之久,父亲依然被战事阻隔在后方,母亲的病日益严重,独自站在西窗下的叶嘉莹,忽然想起了杜甫的《佳人》。

杜甫在诗中写道:"天寒翠袖薄,日暮倚修竹。"他描写的就是一位历经丧乱、零落无依的"佳人",在日暮天寒之中,忍耐着翠袖单薄的寒冷,却依然卓然自倚在修竹旁,仿佛有所期待。

可叶嘉莹此时的心境,似乎与那位"佳人"不同。此刻的她,正独自倚立在紫燕低飞、残霞晚照的气氛中,既有失落感,又似乎有所追寻。于是她说:"此时心绪最茫茫。"

1941年的重阳节,向来注重仪式感的母亲,即便身在病中,还是买了一些重阳花糕给孩子们。这一天,母亲要在舅舅的陪伴下去天津的一家德国医院做手术。临行之前,母亲温柔地叮咛孩子们要听话,叶嘉莹根本不知道,与母亲的这一次分别,竟成永诀。

得知母亲离世的消息时,叶嘉莹根本不愿相信。即便是见到了停放在寺庙里的母亲的遗体,她还是宁愿相信母亲只是睡着了。

钉子钉在棺材上的刺耳声音传来,叶嘉莹突然感受到一种悲痛欲绝的情绪在胸口翻涌。她不记得自己是否哭得撕心裂肺,却清楚地知道,自己的心肺在那一刻,仿佛真的碎裂般疼痛。

父亲下落不明,母亲离开人世,这一年,叶嘉莹不过是一名十七岁的少女。在两个年幼的弟弟面前,她却必须表现得更加坚强,将所有的悲伤、恐惧与无助,掩藏在平静的表情背后。

她不敢对两个弟弟表达自己对母亲的思念,只能将思念写成诗篇:

哭母诗

其一

噩耗传来心乍惊,泪枯无语暗吞声。
早知一别成千古,悔不当初伴母行。

其二

瞻依犹是旧容颜,唤母千回总不还。
凄绝临棺无一语,漫将修短破天悭。

其三

重阳节后欲寒天,送母西行过玉泉。
黄叶满山坟草白,秋风万里感啼鹃。

其四

叶已随风别故枝,我于凋落更何辞。
窗前雨滴梧桐碎,独对寒灯哭母时。

其五

飒飒西风冷穗帷,小窗竹影月凄其。

空余旧物思言笑,几度凝眸双泪垂。

其六
本是明珠掌上身,于今憔悴委泥尘。
凄凉莫怨无人问,剪纸招魂诉母亲。

其七
年年辛苦为儿忙,刀尺声中夜漏长。
多少春晖游子恨,不堪重展旧衣裳。

其八
寒屏独倚夜深时,数断更筹恨转痴。
诗句吟成千点泪,重泉何处达亲知。

《哭母诗》,一连八首,字字血泪。哭诉过后,郁结在胸口的一腔闷气似乎终于纾解。

叶嘉莹将母亲安葬之后才回家,她发现,昔日热闹的房间,竟然变得空荡荡的。她不禁悲从中来,又写下一首思念母亲的小词:

忆萝月
萧萧木叶。秋野山重叠。愁苦最怜坟上月,惟照世人离别。

平沙一片茫茫，残碑蔓草斜阳。解得人生真意，夜深清呗凄凉。

好在，她还有诗词，也就有了情绪宣泄的出口。自从母亲离世，叶嘉莹笔下的词不再只有春花秋月，开始糅杂了思念与凄凉。

咏怀

高树战西风，秋雨檐前滴。
蟋蟀鸣空庭，夜阑犹唧唧。
空室阒无人，萱帏何寂寂。
自母弃养去，忽忽春秋易。
出户如有遗，入室如有觅。
斜月照西窗，景物非畴昔。
空床竹影多，更深翻历历。
稚弟年尚幼，谁为理衣食。
我不善家事，尘生屋四壁。
昨夜雁南飞，老父天涯隔。
前日书再来，开函泪沾臆。
上书母氏讳，下祝一家吉。
岂知同床人，已以土为宅。

他日纵归来，凄凉非旧迹。
古称蜀道难，父今头应白。
谁怜半百人，六载常做客。
我枉为人子，承欢惭绕膝。
每欲凌虚飞，恨少鲲鹏翼。
苍茫一四顾，遍地皆荆棘。
夜夜梦江南，魂迷关塞黑。

刚刚失去母亲的叶嘉莹，自己还是个孩子，父亲远在千里之外，身为长姐的她，不得不承担起照顾两个幼弟的责任。她在极短的时间内，尝尽了人生的诸多苦难，心中的痛苦却无处倾诉。

这样一首朴实无华的诗，全是叶嘉莹用血泪写成，让旁人读来忍不住心酸叹息。

2. 那堂课，美化了一生

在记忆里撒下一路海棠，那就是校园里最好的时光。大学生活的美好，多少能疗愈一些心里的伤痛。

那是一段值得铭记的日子，课堂上有良师教导，课后有益友相伴。有时，叶嘉莹会与要好的同学结伴去什刹海散步，还会去广济寺听讲佛经。课余时，她们徜徉在辅仁大学校园里，校园的每一个角落都写满了叶嘉莹的美好回忆。

一年秋天，叶嘉莹陪一位女同学去郊外访友。她们途经一片野地，那里有长满芦苇的池塘，丛生的野草里还掩盖着几座荒冢。叶嘉莹看到一座荒冢上的碑文中写道："浩浩愁，茫茫劫。短歌终，明月缺。郁郁佳城，中有碧血。碧亦有时尽，血亦有时灭，一缕烟痕无断绝。是耶非耶，化为蝴蝶。"

生命中的痛，大多无法言说。有时，不是不能说，只是不愿说。好在，友情可以化解许多伤痛，在充实的学业与深厚的友情之中，叶嘉莹的丧母之痛也在一天天平复。

1942年，任教于辅仁大学的缪金源先生因为拒绝为日本人的奴化教育而服务，含恨饥饿而殇。得知这一噩耗，叶嘉莹悲从中来，写下挽歌一首：

挽缪金源先生

山林城市讵非讹，箪尽瓢空志未磨。

又见首阳千古节，春明也唱采薇歌。

身处沦陷的北平，叶嘉莹和所有人一样，都在承受着时代带来的伤痛。可是，她并不甘心，她为了追寻理想而努力着，与此同时，也时刻能感受到理想可能随时落空的现实，这让她感到悲哀：

临江仙

十八年来同逝水，诗书误到而今。不成长啸只低吟，枉生燕赵，慷慨志何存。

每对斜阳翻自叹，空阶立尽黄昏。秋来春去总消魂，茫茫人海，衣帽满征尘。

在那个时代,家国之情已成为许多人最深隐的情思。因此,在父亲远隔后方、母亲已经去世的那段时间里,叶嘉莹写了许多带有家国情怀的诗词:

早春杂诗

其一

惊心岁月逝如斯,饯尽流光暗自悲。
故国远成千里梦,雪窗空负十年期。
眼前哀乐还须遣,身后是非那可知。
录就驼庵词一卷,案头香尽已多时。

故都春游杂咏

其八

斜日依山树影长,畏吾村畔柳千行。
吟鞭东指家何处,十载春明等故乡。

身处家乡,却深感故国之远。那是因为国土家园尚在沦陷之中。叶嘉莹心中的故乡,已经染上了深沉的感情色彩,所以她不禁要问:国在何处?家又在何处?

还不满二十岁的叶嘉莹,对于人生价值的终极问题,已经有了惊人的追思与反省。1943年,她还写过一首散曲:

叨叨令

说什么逍遥快乐神仙界。有几个能逃出贪嗔痴爱人生债。休只向功名事业争成败。盛似那秦皇汉武今何在。兀的不恨煞人也么哥，兀的不恨煞人也么哥，则不如化作一点轻尘飞向青天外。

这首散曲，源自叶嘉莹读《红楼梦》时的一点感悟。贾宝玉说，希望自己有一天能化作一股青烟，风一吹便散了。别人都觉得这是痴语疯话，叶嘉莹却觉得，贾宝玉在说这句话时，心中是有一份理想的。他的理想不是外在的功名事业，而是要完成自己而已。

叶嘉莹觉得自己和贾宝玉一样，并不追求外在的功名，只想追求一份事业和理想。只不过，当时的她，尚不知道那份事业和理想是什么。

朦胧的青春，总像一个被白纱覆盖的梦。梦中的人，正在开始一段与岁月相伴的旅程。旅程中的记忆，随着时光的流逝而不断更新，那些不经意间留下的风雨凛冽、绚烂暖阳，总在某些时刻突然袭上心头，带着些许飘浮着的彷徨。

叶嘉莹似乎是个从来学不会抱怨的人，即便生活陷入困顿，即便失去至亲，她都从不曾抱怨生活对自己的不公。相反，她总是感恩：感恩命途多舛，唤醒了自己身体里诗词的灵魂；感恩伯父、伯母承担起照顾他们姐弟三人的使命，让她得以完成大学的学业；感恩遇到恩师顾随，他是叶嘉莹的伯乐，也是知音。

在叶嘉莹的生命旅程中，恩师顾随是一道最不能忘怀的"风景"。对于叶嘉莹来说，顾随亦师亦父，每当叶嘉莹陷入困惑之中，顾随总能于风轻云淡之间让她的困惑化于无形。用叶嘉莹自己的话说："自上过先生之课后，恍如一只被困在暗室之内的飞蝇，蓦见门窗之开启，始脱然得睹明朗之天光，辨万物之形态。"

遇到恩师顾随那一年，叶嘉莹已是一名大学二年级的学生。顾随是教唐宋诗的老师，叶嘉莹早就听说过他的大名，更听说他授课的方式既生动又深刻，不仅中文系的同学格外喜欢他的课，就连其他系的同学都要争抢着一睹顾随先生的风采。

第一次见到顾随先生，叶嘉莹便欣慰于他与自己心目中构想的模样那样相似。他有着高而瘦的身材，穿上长衫之后格外有一种儒雅的气质。他款款走入教室，步履从容，站上讲台，对学生们微微一笑，神态中竟带着几分高雅。

那是一堂让叶嘉莹一生都记忆犹新的课，在此之前，叶嘉莹从未感受过这样截然不同的授课风格。通常情况下，老师总是偏重讲解书本上的知识，可顾随先生不同，他似乎更加愿意启发学生的心灵与创造力。

叶嘉莹能感受到，顾随先生有着极其深厚的古典文化修养，又将西方文化融会其中。更令她开心的是，顾随先生和她一样热爱着诗词。

顾随先生讲诗的时候，看似讲的都是和诗不沾边的闲话，然而，若认真体会，就发现他讲的都是各种最具启迪意义的精妙之语。

比如，顾随先生曾经于一堂课上在黑板上写了三行字。第一行：自觉、觉人；第二行：自利、利他；第三行：自度、度人。

这三行字的意思：使自己觉悟，也使别人觉悟；自己得到好处，也使别人得到好处；自己得到度化，也使别人得到度化。

这些内容看上去只是在讲为人的修养，并非在讲诗词。可是，从这三行字开始，顾随先生竟能层层深入，引申出许多有关诗词的讨论。

叶嘉莹一直觉得，诗词本身就是美好的事物。当她听过顾随先生对诗词的比喻，竟然觉得这些比喻比诗词更美。

顾随先生说，古代诗词的美感，可以分为三类。第一类，可以用"盆景"来形容。其含义是，这类诗词，既不恶俗，也不凡俗，只是太小，就像盆景一样，是对自然艺术的模仿，只不过，是微缩的自然景观。第二类，可以用"园林"来形容。其风格与盆景相似，却比盆景更大，不足的是，多了一些人工刻意雕琢出来的匠气。第三类，可以用"自然山水"来形容。那是真正的雄伟壮丽的诗篇，蕴含着高尚的情趣、博大深厚的感情、莽莽苍苍的气象，如同真正的大自然一样，可以从中感受到伟大的力量。

顾随先生口中的诗词之美，让叶嘉莹听得心旷神怡。从顾随先生的讲解中，叶嘉莹觉得诗词也有了灵魂与生命。她认为，是顾随先生为自己打开了一扇通往诗词美好国度的大门。多年以后，当叶嘉莹自己走上讲台，向学生们讲述中国诗词之美的时候，总是在不经意间模仿顾随先生的风格。

作诗等同于做人，这也是叶嘉莹从顾随先生那里学来的道理。有时候，顾随先生讲诗就像讲道法，他主张修辞要以诚为本，不诚则无物。这何尝不是做人的道理？做人若不诚，何谈人格与修养？若只看重华丽的表面，缺少真挚的情感，那内心一定是空洞无物的。

一堂又一堂的诗词课，学生们不仅跟随顾随先生品读了中国古典诗词的美好，也接受着人生理念与价值观的洗礼。有时候，叶嘉莹会忽然发现自己与顾随先生之间的共同之处，比如，他们都认为，诗词最重要的作用之一，就是使人感动。

顾随先生总是强调，写诗的人，首先要有推己及人与推己及物的感情。若说得浪漫、唯美一些，那就是诗人要有一颗多情、敏锐的诗心。这颗心源自哪里？源自爱与关怀。诗人要有关怀世间万物的能力，唯有把小我化为大我的精神和胸襟，才能称之为伟大的诗人。

整个大学期间，只要是顾随先生的课，叶嘉莹都会选修。大学毕业后，叶嘉莹自己也成了一名教师，可她还是会赶往顾随先生的授课地听课,直到自己离开北平。

叶嘉莹与顾随先生聊天时,他也曾讲起自己过去的事情。早在1915年,顾随先生就通过了北大国文系的入学考试。

当时北京大学的校长是蔡元培先生。在阅卷时,蔡元培先生发现顾随的中国文学水平已经极其优异,便建议他改学西洋文学。于是,顾随先生听从了蔡元培先生的建议,先到北洋大学预科学习了两年英语,之后才转入北京大学英文系。

有人说,顾随先生是一名兼容并包的评论家与美学鉴赏家,可叶嘉莹始终觉得,顾随先生既是一位诗人,又是一位大师级的哲人。

因为欣赏顾随先生的授课风格,叶嘉莹做的课堂笔记如同答录机录下来的一般,一字不差。顾先生讲授的每一个知识点,甚至每一个字,都被叶嘉莹当作精神财富。她要把顾随先生的思想精华统统誊录在纸上,这些文字,将成为她日后为自己的智慧供给的养分。

她跟着顾随先生上了六年的课,光是又厚又大的笔记本就足足记了八本,还有一些散页的笔记,多到无法计算。

即便在最飘零辗转的岁月里,这些笔记也都被叶嘉莹妥帖地带在身边。她像珍视自己的生命一样珍视这些笔记,带着它们离开北平,去往上海、南京、左营、彰化、台南,去往美国、加拿大。其实,这些笔记中的内容,叶嘉莹几乎烂熟于心。可是,她就是舍不得丢弃它们,因为它们是顾随先生智慧的凝结,多年以后，这些笔记中的许多内容，也成为叶嘉莹撰写的《顾随文集》中的重要部分。

顾随先生讲起中国古代诗人，总能从诗人本身的襟怀与性情去分析。他说，像杜甫、陆游、辛弃疾，皆是关怀国计民生的诗人；而陶渊明、谢灵运、王维，皆是更热爱大自然的诗人。

襟怀与性情的不同，导致他们的诗风不同。有时，在讲解诗词时，顾随先生还会融入自己的心得体会。他善于联想，更善于比喻。他曾把讲诗比作禅，"禅机说到无言处，空里游丝百尺长"便是顾随先生创作的诗句。

其实，并非每一个学生都能适应顾随先生的授课风格，甚至有些学生觉得，听顾随先生的课，连记笔记都无从下手。也许，师生之间也是讲求缘分的吧，就像伯牙遇到子期，知己间的神交，才能拥有通观的体会。

叶嘉莹是在顾随先生的课堂上才知道文字也是有境界的，也是通过顾随先生的讲解，才明白原来学习诗词，不是只把那些简洁的文字翻译成通俗易懂的语言就够了。若只是如此，那只能叫浅薄的知识，甚至可以说，是糟蹋了诗词。

顾随先生曾讲解过李璟的《浣溪沙》，其中一句"菡萏香销翠叶残"，若直白地翻译成"荷花凋零荷叶残"，简直就抹杀了原句中所表达的那种众芳芜秽、美人迟暮的感慨。"菡萏"与"荷花"虽是同一种植物，但不同的表达方式，却拥有不同的美学价值。"菡萏"出自《尔雅》，读起来显然更古雅一些。而把"荷叶"

说成"翠叶",不仅能让读者感受到颜色,更能让读者联想到珍贵的珠翠。

那些五言、七言的诗句,只用寥寥数语,便能为读者打开丰富的想象空间。若将它翻译成白话文,反而限制住了它的意境,磨灭了它的韵味。

联想,是比诗句本身更美的东西。当叶嘉莹承担起推广中国古诗词的使命之后,她也不愿将那些诗句翻译成白话文,而是像顾随先生一样,用各种各样的方式,诱导读者自己去体会。

所谓"传道授业",其实是师者在向学生传输自己的灵魂。叶嘉莹曾骄傲地将自己的授课风格形容成"跑野马",因为这是受顾随先生授课方式的影响。叶嘉莹还说:"为文时一定要写出自己真诚的感受,而不敢人云亦云地掇拾陈言敷衍成篇。"这也是在顾随先生的鞭策之下养成的习惯。

即便自己成为老师,叶嘉莹还是仰慕着顾随先生。在授课时,顾随先生整个人都在发着光,因为他的出现,叶嘉莹才能终身对诗词保持热爱,虽至老,而此心不改。

3. 诗中有花开的声音

懵懂的诗意，点染着浅淡的笑容。时光的流逝，叠加着生命的痕迹。岁月的刻刀之下，生命在逐渐呈现出清晰的纹理。那纹理中分明写着：让美丽的诗意绽放，才是生命的意义。

叶嘉莹在大学期间创作了大量诗词，她的诗词中有梦、有景，也有国难与家仇。她的许多诗词，都曾受过顾随先生的指导与点拨。

有时，顾随先生会在课堂上布置作诗的任务，对于自幼读诗、作诗的叶嘉莹而言，这算不上难题。甚至可以说，对于作诗，叶嘉莹有几分小小的自信。每次写作完成的诗，叶嘉莹都会送到顾随先生面前，请求批阅。顾随先生从叶嘉莹的诗句里，竟然能找到许多精神世界的共鸣，于是，便对这个学生及其作品格外关注。

随着师生之间的沟通逐渐增多,叶嘉莹偶尔也会把自己的旧日诗作送给先生批阅:

小紫菊
阶前瘦影映柴扉,过尽征鸿晚露稀。
淡点秋妆无那恨,斜阳闲看蝶双飞。

叶嘉莹送来的每一首诗,顾随先生都会认真进行修改。经他修改后,《小紫菊》变成了这个样子:

小紫菊
阶前瘦影映柴扉,过尽征鸿露渐稀。
淡淡秋妆无那恨,斜阳闲看蝶双飞。

仅仅两个字的修改,便为这首诗赋予了不同的韵味。"露渐稀"与"晚露稀"相比,增添了些许动态。读者在阅读时,仿佛能看到眼前的浓露在逐渐变淡,景物似乎有了生命,更有了时间流逝之感;而"淡淡秋妆"与"淡点秋妆"相比,则减少了动作,仿佛那秋日的妆容本来就呈现在那里,无须涂抹,原本就是那个模样,更清灵,更自然。

闻蟋蟀

月满西楼霜满天，故都摇落绝堪怜。

烦君此日频相警，一片商声上四弦。

顾随先生对这首诗所做的修改不多，只将最后一句中的"上四弦"改成了"入四弦"，并在后面做了批注："'商声上'三字双声，似不上口，'上'不如改作'入'字为佳。"

秋蝶

几度惊飞欲起难，晚风翻怯舞衣单。

三秋一觉庄生梦，满地新霜月色寒。

顾随先生对这首诗的改动同样不多，只将最后一句中的"月色寒"改成了"月乍寒"，并在批注中写道："'色'字稍哑，'乍'字似较响也。"

顾随先生对叶嘉莹诗所做出的微妙改动，更像是对她创作诗词、鉴赏诗词能力的训练。叶嘉莹的文学基础本就牢固，再加上顾随先生的指点，成长速度突飞猛进。渐渐地，顾随先生对她的诗词修改之处越来越少，有时甚至根本找不出需要修改的地方。

光是看顾随先生写给叶嘉莹的评语，便知道他对这个学生有多么赏识。他评价叶嘉莹："作诗是诗，填词是词，谱曲是曲，青年有清才若此,当善自护持。"

顾随先生与学生之间的相处方式,不仅仅是一教一学的关系。他更喜欢与学生们进行交流,还会把自己的作品给学生们看,请学生们点评,也会参考学生们的想法。

曾经,顾随先生打算将《聊斋志异》中的一则故事《连琐》改成杂剧,关于结尾的走向,他迟迟做不了决定,便索性征询学生们的意见。

叶嘉莹小时候读过《连琐》,故事说的是进京赶考的书生杨于畏,途经荒郊野外无处住宿,只得借住在寺庙里。深夜时,他听到有人反复吟诵两句诗:"玄夜凄风却倒吹,流萤惹草复沾帏。"于是,杨于畏便续上了后两句:"幽情苦绪何人见,翠袖单寒月上时。"

反复吟诗的人,便是女鬼连琐,因为一首诗,书生与女鬼之间产生了感情。连琐希望书生能救活自己,便嘱咐他在听到自己坟旁的树上有一只青鸟鸣叫的时候,挖开坟墓,她便能复活了。

关于这个故事的结局,叶嘉莹填了一首词,向顾随先生表达自己的看法:

临江仙·闻羡季师谱聊斋连琐事有感

记把聊斋灯下读,少年情绪偏痴。生生死死系人思。至今窗影下,仿佛鬼吟诗。

莫道十年如一梦，梦醒亦复如斯。北邙山下夜乌啼。才看青鸟至，又见湿萤飞。

叶嘉莹自己也曾为《聊斋志异》中那些生死相许的爱情故事感动过，只是，当她渐渐感悟人生，经历过生死，想法也发生了改变。她想对顾随先生说，即便书生能让连琐复活，但人终究有一死，到时还要再经历一次失去。

人生的无常，让叶嘉莹感受过悲观。不过，她从未放弃追寻人生价值和意义的努力，也会将自己对于终极问题与人生选择的反思与追问写成诗句。

叶嘉莹第一次在报刊上发表作品，也是受到顾随先生的鼓励。那时，顾随先生让她为自己取一个笔名，叶嘉莹顺口便说出了"迦陵"二字。

从发音上，"迦陵"像是"嘉莹"的谐音。实际上，叶嘉莹的这个笔名，是从小时候与伯父的一段聊天里获得的灵感。

一次，他们偶然聊到清代词人陈维崧。伯父说，陈维崧的别号叫"迦陵"，还有一位郭姓词人的别号叫"频伽"。有趣的是，这二人的别号合起来，便是"迦陵频伽"。在佛经中，这是一种鸟的名字。

这种鸟在许多印度佛经里都出现过，后来，叶嘉莹还专门查阅了《正法念经》，其中写道："山谷旷野，多有迦陵频伽，出妙声音，若天若人，紧那罗等无能及者。"

从此，当时的报刊上，频频出现以"迦陵"为笔名的诗作。若没有顾随先生的点拨与鼓励，叶嘉莹或许很难鼓起勇气让自己的作品变成铅字，去感动更多的人。

或许，尊重与鼓励，便是知音最真挚的情意。因为彼此欣赏，所以彼此懂得。那些师生之间绵绵不绝的诗词唱和，便是对"知音"二字最好的解读。

顾随经常为叶嘉莹的诗做出最中肯的点评，唯一的一次例外，是叶嘉莹在1944年秋天作的那一组《晚秋杂诗五首》。

那一日，像往常一样，叶嘉莹拿着写好的诗去请顾随点评。若是在从前，无论或褒或贬，顾随都会跟叶嘉莹说上一些，或做些许的改动。顾随先生对叶嘉莹的习作往往不会大改，一般只会做出一两个字的更易，但却往往会为叶嘉莹带来极大的启发。顾随先生对遣词用句的感受极为敏锐，在恩师的指点之下，叶嘉莹已经有了不小的进益。

然而这一次，看着叶嘉莹的习作，顾随却久久没有言语。叶嘉莹有些忐忑，老师脸上的神情与平时不太一样，仿佛陷入沉思，可是眉头又时而微蹙，不知是否对这组诗极不满意。

心中疑惑，却又不敢开口打扰，这便是叶嘉莹当时心中的纠结。顾随先生没有立刻进行点评，只把诗留下，便让叶嘉莹回去了。几日之后，当这组诗发还至叶嘉莹手中，她惊讶地发现，整组诗竟然一字未改，后面还多了一组顾随先生的六首和诗——《晚秋杂诗六首用叶子嘉莹韵》。

因为这一组和诗，世界仿佛都变得美丽。叶嘉莹的心情从淡淡的失意变成淡淡得意。情绪之间翻腾的起伏变化，编织成了最值得回味的记忆。恩师的和诗，莫过于最大的鼓励。诗词的世界就像波澜浩渺的海洋，上面却漂浮着无数的希望。叶嘉莹从恩师的鼓励中，找寻到了对未来的渴望，以及难以用语言描述的憧憬。

一向擅长词句的叶嘉莹，此时此刻竟不知该用怎样的词汇来描述自己的兴奋之情。于是，她再次提笔，依次叠韵作了一组七律，取名为《羡季师和诗六章，用〈晚秋杂诗五首〉及〈摇落〉一首韵，辞意深美，自愧无能奉酬。无何，既入严冬，岁暮天寒，载途风雪，因再为长句六章，仍叠前韵》送去给恩师点评。

和上次一样，叶嘉莹等来的又是顾随先生的应和之作——《七言长句五章再用叶子嘉莹〈晚秋杂诗五首〉韵》

这一刻的叶嘉莹，是那样欢乐。诗词编织出的情感，如花儿在生命中绽放，每一朵花蕊，都流淌着甜蜜的芬芳，那是她对美好未来的憧憬，更是她对诗词世界的畅享。

原本，叶嘉莹只是想通过《晚秋杂诗五首》来抒发自己的思念与惆怅。然而，有了顾随先生的唱和与指导，叶嘉莹后来的唱和诗显然有了更深刻的思想内容。

那时的叶嘉莹，还是一个羞涩拘谨的少女，每一次请顾随先生点评诗词，她都要拉上同学一起去，先生为她点评时，她也很少发言，总是静静地聆听先生教诲。顾随先生是叶嘉莹最仰慕的人，不过腼腆的她从未向先生表达过这一点，只是偶尔会把自己对先生的敬仰之情写进诗词作品中。

在顾随先生心目中，叶嘉莹也是他最有天赋的学生之一。从上一次的那一组七律诗中，顾随先生从叶嘉莹的笔触中看到了超越她年龄的老到。像"凉月看从霜后白，金天喜有雁来红"等写景诗句，以及"入世已拼愁似海，逃禅不借隐为名"等抒怀诗句，其中竟有着许多与她年龄不符的俊爽、沉痛与执着，令顾随先生为之深深动容。

或许，从那时起，叶嘉莹就已经对生命中的哲理有了些许感悟，只不过年少的她，尚无法懂得那些哲理对自己未来的诗词人生意味着什么。她只是通过诗词来抒发自己的真实所见、所感、所思、所想，但即便如此，叶嘉莹在诗词方面的造诣，已经远远超越太多和她同龄的人。

叶嘉莹诗词中的哲理，恩师顾随能懂。顾随先生在北京大学研读西方文学的那段岁月，最欣赏的就是王国维先生的《人间词话》。不过，顾随先生对诗词的造诣，在王国维先生的基础上更加深了一层，他不仅擅长以哲学入词，更擅长以禅学入词。在顾随先生的指点下，久而久之，叶嘉莹的诗词渐渐渗透了顾随先生的诗词韵味。

曾经，顾随先生在课堂上讲到雪莱的《西风颂》。其中有一句"冬天来了，春天还会远吗？"，这是众所周知的名句，顾随先生却将这一句用古体诗文翻译了出来："耐他风雪耐他寒，纵寒已是春寒了。"

这简直是集"信达雅"于一体的翻译方式。当时正值北平沦陷时期，顾随先生也是在用这两句诗勉励自己的学生。叶嘉莹如何不懂？她甚至将老师这两句别具深意的诗句融入自己的词中：

踏莎行

烛短宵长，月明人悄，梦回何事萦怀抱。撇开烦恼即欢娱，世人偏道欢娱少。

软语叮咛，阶前细草，落梅花信今年早。耐他风雪耐他寒，纵寒已是春寒了。

在词的前面，叶嘉莹还特意加上一行小序："用羡季师句，试勉学其作风，苦未能似。"她想要说，人活着，就要乐观地面对生活。只要小草还会发芽，春天就即将到来。每一个中国人的人生、国家与民族的未来，都会充满期望。

诗人雪莱在创作那首《西风颂》的时候，一定从未想过，自己的这首诗竟然还能被解读出如此深沉的意味。但顾随和叶嘉莹的诗词唱和，却为雪莱的《西风颂》赋予了巧妙的哲思。原来，中西方的诗歌是可以融会贯通的，心中有诗的人，无须谋面，甚至无须生活在同一个时空，也可以听懂彼此的心声。

那时，顾随先生除了在辅仁大学讲授唐宋诗的课程以外，还在中国大学教授词选和曲选,叶嘉莹经常骑车赶去这两所学校旁听。她觉得,顾随先生对于诗歌的敏锐感受与深刻理解,以及他对中国古典与西方文学的学识与修养,让他在授课时能旁征博引,酣畅淋漓,字字精妙,句句动情。从顾随先生的课程中,叶嘉莹深受启迪。再加上顾随先生不断地对她在诗词方面进行启发和鼓励,叶嘉莹的诗词水平一日比一日提高。

在《纪念我的老师清河顾随羡季先生》一文中,叶嘉莹深情地回忆了顾随先生在《生查子》中所写的一句:"空悲眼界高,敢怨人间小,越不爱人间,越觉人生好。"她的字里行间透露出自己对恩师心声的理解与知晓。这一对师生,都带着几分"消极从容"又"坚韧果毅"的气质,正因如此,他们才能在乱世之中不苟且、不浑噩,面对苦难,淡然一笑,风轻云淡。

顾随先生与叶嘉莹的诗词,都是拥有强大灵魂者才能写出的作品。他们将诗词活进自己的生命里,对诗词始终保持着敬畏之心。

后来成为教师的叶嘉莹,不止一次在讲台上提到自己的座右铭,那是顾随先生的处世箴言:"以悲观之心过乐观之生活,以无生之觉悟过有生之事业。"

她时常告诉学生们,无生与有生、悲观与乐观,都是生命旅途上的客观存在,没有人能够挥笔。但是,无生可以让人觉悟,让人生过得更加充实;悲观的人生体验,也能提升人们喜悦和满足的能力。

在叶嘉莹的学生时代，乃至她的整个人生里，顾随先生都在扮演着灵魂导师的角色。当年，顾随先生体弱多病，心志却无比坚韧。课堂上，他讲授的是古典诗文，精神却是现代的。他讲诗词时，更侧重于作品中表现出的作家人格与精神境界，也就是叶嘉莹后来常常提到的"诗心"。

叶嘉莹十分欣赏顾随先生创作的词，尤其是那首《鹧鸪天》：

说到人生剑已鸣，血花染得战袍腥。身经大小百余阵，羞说生前身后名。
心未老，鬓犹青。尚堪鞍马事长征。秋宵月落银河黯，认取明星是将星。

在顾随先生的影响下，叶嘉莹自己的诗风也渐渐发生了改变。她不再拘泥于多愁善感的诗句，笔下也能发出慷慨激昂的豪言壮语。

从顾随先生的词句中，叶嘉莹能读出一种不惧苦难的精神。有时候，挫折也是一种历练，就像叶嘉莹自己在诗句里写的那样：

入世已拼愁似海，逃禅不借隐为名。
伐茅盖顶他年事，生计如斯总未更。

后来的人生中，叶嘉莹也经常用这首诗来提醒自己，在苦难面前，永远不要逃避。只有克服痛楚，心志才能更加坚韧。

在叶嘉莹的心目中，顾随先生是一位极有才华、有风度的老师。能得到顾随先生的欣赏，一直被叶嘉莹当作一种幸运，且一直心怀感激：

题羡季师手写诗稿册子

自得手佳编，吟诵忘朝夕。吾师重锤炼，辞句诚精密。
想见酝酿时，经营非苟率。旧瓶入新酒，出语雄且杰。
以此战诗坛，何止黄陈敌。小楷更工妙，直与晋唐接。
气溢乌丝兰，卓荦见风骨。人向字中看，诗从心底出。
淡宕风中兰，清岩雪中柏。挥洒既多姿，盘旋尤有力。
小语近人情，端厚如彭泽。诲人亦谆谆，虽牢无倦色。
弟子愧凡夫，三年面墙壁。仰此高山高，可瞻不可及。

这首诗便是叶嘉莹拜读顾随先生作品后所写，除了点评顾随先生诗歌创作的特点，更赞扬了顾随先生在书法上的成就，并且表达出对顾随先生为人风度、为师德行的崇敬。

1947年初，是顾随先生五十周岁寿辰。他的学生要为恩师举办一场庆祝宴会。在顾随先生的学生中，叶嘉莹的才华是公认的，于是，为恩师撰写祝寿筹备会通启的重任就落在了叶嘉莹的肩上。她写道：

"盖闻春回阆苑，庆南极之炬辉；诗咏闳宫，颂鲁侯之燕喜。以故麦丘之祝，既载齐庭；寿人之章，亦播乐府。诚以嘉时共乐，寿考同希。此在常人，犹申祝典，况德业文章如我夫子羡季先生者乎。先生存树人之志，任秉木之劳。卅年讲学，教布幽燕。众口弦歌，风传洙泗。极精微之义理，赅中外之文章。偶言禅偈，语妙通玄。时写新词，霞真散绮。寒而毓翠，秀冬岭之孤松；望在出蓝，惠春风于细草。今岁二月二日即夏历丁亥年正月十二日，为我夫子五旬晋一寿辰，而师母又值四旬晋九之岁，喜逢双寿，并在百龄。乐嘉耦之齐眉，颂君子之偕老。花开设悦，随淑气以俱欣；鸟解依人，感春风而益恋。凡我同门，并沐菁莪之化，常存桃李之情，固应跻堂晋拜，侑爵称觥。欲祝嘏之千秋，愿联欢于一日。尚望及门诸彦，共襄斯举，或抒情抱，或贡词华。但使德教之昌期，应是同门之庆幸。日之近矣，跂予望之。"

她将对顾随先生的仰慕之情，凝聚于这样一篇华美的文字之中，也是对恩师寿辰最好的贺礼。

第三章
远方不是地狱,也不是天堂

1. 与往事挥手作别

光阴,一个美丽又残酷的字眼。它能留下许多纯真的回忆,也会带走鲜嫩的青春。光阴里,有人流着泪却在笑,有人笑着却在流泪,一切悲欢喜乐,都会在光阴的四季里留下痕迹。

破阵子

记向深宵夜话,长空皓月晶莹。树杪斜飞萤数点,水底时闻蛙数声。尘心入夜明。

对酒已拼沉醉,看花直到飘零。便欲乘舟飘大海,肯为浮名误此生?知君同此情。

这是叶嘉莹在辅仁大学校园小住时所写的词。写下这首词时，她的大学生涯已近尾声。她还记得，那是 1945 年 5 月，距离毕业只剩下五个月，叶嘉莹与要好的同学刘在昭同住在宿舍里。到了晚上，两个少女带着酒，在校园中选了一处有花香竹影之地，在月光下对饮。

望着天上的月亮，叶嘉莹回想起四年大学生活的点滴，回味着校园里的一草一木、一花一景，突然一丝伤感袭上心头。四天之后，便填了这阕词。

她已经不记得那天是不是十五月圆之日，只记得，那一晚的月光格外明亮。晶莹的月光里，时不时有萤火虫飞过，不远处的池塘里，传来阵阵蛙声。

这样宁静的夜晚，让她的心也不知不觉安静下来。其实，叶嘉莹很少喝酒，只不过当时的气氛太美好，酒不醉人，人已自醉。

有时候，让自己忘情沉醉一次，才算对得起人生。大学四年，校园中的每一次花开花落，她从未错过。这一生中最美的年华，她也算不曾辜负。

叶嘉莹大学毕业后，被分配到佑贞女中，成为一名教师。一辆自行车，是她上下班的交通工具。穿长袍骑车很不方便，一不留神，长袍就会被磨破，叶嘉莹便会找一块颜色相近的布料，将长袍补好，再穿上带补丁的长袍给学生们上课。

曾经，叶嘉莹是大户人家的女孩子。如今，她是扛着全家重担的"家长"。大弟弟刚刚读初中，小弟弟还在读小学，姐弟三人的生活都靠叶嘉莹一个人的薪水来支撑，过得非常清苦。

不过，即便穿着打补丁的长袍，站在讲台上的叶嘉莹，依然落落大方，毫无窘迫。她从不觉得穿着简朴是不好意思的事情，因为她自幼便在《论语》中读到过："士志于道，而耻恶衣恶食者，未足与议也。"这句话翻译过来的意思：一个读书人，如果有志于求"道"，却以穿的衣服不好、吃的食物不鲜美为羞耻，那么不值得相议论也。

一条打补丁的长袍，并未影响叶嘉莹成为佑贞女中最美的女教师。渊博的学识，让她在讲台上格外有魅力；独树一帜的授课风格，让她成为最受学生欢迎的女教师。

若论年龄，叶嘉莹比自己的学生也大不了许多。课后，学生更愿意把她当成朋友，关心她的生活。一次，叶嘉莹的自行车坏了，只能乘坐公共汽车上班。可是，佑贞女中门口没有公共汽车站，学生担心老师的安全，便一路将她护送上车。

有诗书藏于心的女人，连灵魂都是有趣的。学生都喜欢和叶嘉莹聊天，久而久之，叶嘉莹受学生喜欢的名声传扬开来，又收到私立华光女中的邀请，请她去那里兼职教学。

不久之后，志成中学又向叶嘉莹抛来了橄榄枝，请她兼职做国文课老师。志成中学有男女分校，起初，叶嘉莹只教女校的高一国文，可没过多久，学校又恳请她同时去男校任教。

原来，男校高二有一个班的学生成绩很好但很调皮，时常对不满意的老师公然起哄，接连两位教国文的男老师都因为觉得难堪，不肯再教下去。

起初，学校只是抱着试一试的心态，请叶嘉莹过去教书。没想到，她来了之后，竟然将一帮难缠的男孩子调教得乖顺可爱。

一般的国文老师，最多只带两个班级的课程，每周的课时不过十个小时出头。可叶嘉莹竟同时兼任幼贞女中、志成女中、华光女中三所中学的国文老师，同时带五个班，每周的课时多达三十个小时。到后来，她甚至忙得连作文都批改不过来，还要再请别人帮忙。

在每一次的联合考试中，叶嘉莹所带的班级都名列前茅。那是叶嘉莹纵情挥洒青春与热血的年代，繁忙的工作之下，她竟丝毫不觉得疲累。国文是她心中挚爱，将她所热爱的国文传授给更多学生，那是一种莫大的充实。

当脑海中储存了足够多的诗篇，生活中最平凡的场景，也能勾起诗意。一有闲暇，叶嘉莹就会徒步前往后海。那里有许多芦苇，每次在那里散步，都仿佛一场对精神领地的洗涤。

顾随先生的家就在后海附近，叶嘉莹每一次去那里散步，都要顺道去恩师家里拜访。成为教师之后，叶嘉莹与顾随先生的交流越发深入。他们不只对诗词有着同样的热爱，如今，就连职业都完全相同。

1946年7月，顾随先生曾给叶嘉莹写过一封信。信的大意是说，这些年来，你是听我讲课最勤奋的人，如果有什么值得传下去的法门，你应该都得到了。但是，我不希望你只是继承我的衣钵，而是希望你能够开辟出一片属于自己的全新天地。我宁愿你像南岳怀让的弟子马祖那样，得到老师的心传且能有自己的突破和建树，而不希望你像孔子的弟子曾参那样，孔子说什么他就说什么。

在顾随先生的影响下，叶嘉莹开始尝试着创作杂剧。这是一项需要丰富的人生阅历才能完成的工作，还需要大量的时间。叶嘉莹知道，自己的年龄尚轻，谈不上阅历丰富；因为课时太多，空闲时间也不够，可是，她还是想要尝试一下杂剧创作。或许，顾随先生做的事情，她都感兴趣，都想要尝试。

因为时间与阅历都有限，叶嘉莹索性把常见的四折杂剧简化成一折，选取《庄子》中的《至乐》一篇，创作了一折名叫《骷髅语》的杂剧。

剧本完成之后，叶嘉莹把它交给顾随先生，满怀期待地等待着恩师点评。然而，不久之后，叶嘉莹便经历了一场巨大的人生转折，作别恩师，离开北平。这部杂剧终究没能得到顾随先生的评语，这件事成了叶嘉莹人生中的莫大遗憾，为之伤感许久。

叶嘉莹离开北平的原因，是她即将成为别人的新娘。可是，直到结婚的那一刻，叶嘉莹都没有搞明白，自己是否真的遇到了爱情。

爱情是生命中一场无声的花开，它将青春的繁华演绎到极致,让一剪相思,落于季节深处。那个时代的知识女性,无人不渴望一场轰轰烈烈的爱情,希望自己的爱情能成为后世的佳话,或许,叶嘉莹也曾这样畅想过。可惜,她的爱情,注定平淡无奇。

有人说,大学时代最适合做的事情就是谈一场恋爱。可叶嘉莹读的是女校,不仅没有谈过恋爱,就连一封情书都没有收到过。偶尔与男同学合班上课,也没有接触的机会。男同学反而给了她一个"黜陟不知,理乱不闻,自赏孤芳,我行我素"的评语。

叶嘉莹知道,这是男同学在变着法儿地说她"高冷",或许,那时的男孩子,都喜欢热情如火的女孩子,像叶嘉莹这样清冷如出水芙蓉的冷美人,他们没有勇气轻易接近吧?

如果说,不曾有过浪漫的爱情,只能称之为遗憾,那么,叶嘉莹的婚姻,却可以用"悲剧"来形容。

有些相识,注定是一场错误。如果一场婚姻与爱情无关,那注定从一开始就埋下了悲剧的种子。

叶嘉莹与赵钟荪是经人撮合相识的。所谓"男大当婚,女大当嫁",像叶嘉莹这样优秀的女子,到了适婚年龄,身边的亲朋好友自然免不了为她张罗。

那一年春节,叶嘉莹中学时的英文女教师赵杏阶突然来家里拜年。叶嘉莹还从未见过哪一位老师主动来给学生拜年,颇感意外。后来,她才得知老师的真实来意——是为她做媒的。

老师想把叶嘉莹介绍给自己的堂弟赵钟荪,起初,叶嘉莹并不感兴趣,赵钟荪便找到叶嘉莹的女同学侯瑛,希望她能从中介绍。于是,侯瑛便邀请叶嘉莹来家里做客,在侯瑛家里,叶嘉莹第一次见到了赵钟荪。

叶嘉莹读大学时,也曾收到过一些男同学写来的情书,却从未被打动过,更没有写过回信。如果赵钟荪不是老师的堂弟,或许叶嘉莹还是会像之前那样不理不睬。碍于老师的面子,叶嘉莹对赵钟荪十分客气。第一次见面之后,赵钟荪就对柔和似水的叶嘉莹展开了猛烈的感情攻势。

那时,叶嘉莹家的院子里有一座乒乓球台,赵钟荪便找来自己同学的弟弟,去找叶嘉莹的弟弟打乒乓球。如此一来,赵钟荪与叶嘉莹便有了相处的机会,彼此慢慢熟悉起来。

叶嘉莹从没有谈过恋爱,对方如此炽烈的情感让她一时间有些不知所措,懵懵懂懂间,便接受了对方的追求。

两人确立恋爱关系之后,赵钟荪几次提出结婚的请求,叶嘉莹都没有答应。当时,赵钟荪在秦皇岛工作,时常在秦皇岛与北平之间往返。时间长了,他的身体有些吃不消,不仅生了病,还失了业,叶嘉莹对此十分愧疚。

赵钟荪在北平养病期间,他的姐夫为他在南京的海军谋了一份工作。赵钟荪便又一次提出与叶嘉莹订婚,还对叶嘉莹说,如果她不答应,他便不去南京工作。

因为这份愧疚,叶嘉莹不好意思拒绝赵钟荪的求婚,竟然同意了这件婚事。

当时,叶嘉莹已经与父亲取得了联系,对于这位未来女婿,父亲其实并不满意。他认为,赵钟荪学无专长。然而,既然女儿同意,父亲也并未过多阻挠。

他们的婚姻从一开始就是失衡的。没有人规定一个家庭应该由男人来承担全部金钱开销,但至少夫妻二人对家庭的付出应该对等。可是,赵钟荪当时比较落魄,善良的叶嘉莹便用自己的积蓄去贴补他的生活,就连两人去上海结婚的路费都是叶嘉莹出的。

临行之前,叶嘉莹以为不过是去办一场婚礼,很快就会返回北平。于是,她只带了最简单的行李,以及顾随先生的课堂笔记,除此之外,就连她最爱的书都没有带。

分别时,顾随先生十分不舍,用一首诗为自己最欣赏的学生送别:

送嘉莹南下

食荼已久渐芳甘,世味如禅彻底参。
廿载上堂如梦呓,几人传法现优昙。
分明已见鹏起北,衰朽敢言吾道南。
此际泠然御风去,日明云暗过江潭。

临行之前,伯父也写了一首诗送给叶嘉莹。伯父平时很少写诗,这首诗被叶嘉莹当作珍贵的礼物,一直随身携带。可惜,在台湾白色恐怖中,这首诗被抄走了,叶嘉莹能够记住的,也只是这首诗其中的一段:

> 送侄女嘉莹南下结婚
> 有女慧而文,聊以慰迟暮。
> 昨日婿书来,招之使南去。
> 婚嫁须及时,此理本早喻。
> 顾念耿耿心,翻觉多奇妒。
> 明珠今我攘,涸辙余枯鲋。

婚姻,成了叶嘉莹人生的分割线,意识到自己即将与往事挥手作别的那一刻,她感受到内心轻轻地颤动。她不知道即将发生什么,唯一能做的,也只是保留下记忆的种子而已。

2. 婚姻搁浅了诗心

走到生命中的哪一个阶段,便应该爱上这一段的时光。一直以来,叶嘉莹都是这样告诉自己的。她不沉迷于过去,也不狂热地期待未来,她对婚姻的期望很简单,不需要多么浪漫甜蜜,只要生活平静安稳就好。可惜,就连如此简单的愿望,竟然都没能实现。

1948年3月29日,叶嘉莹与赵钟荪在上海结婚。结婚那天,两人拍了婚纱照。叶嘉莹身穿洁白的婚纱,手中捧着鲜花,美得不可方物,尤其是她那恬淡的气质,更是让人无法不去关注。

那是一场简单到略显寒酸的婚礼,只是拍了几张结婚照,两家人在一起吃顿饭而已。婚后,叶嘉莹便辞去了教师的工作,成为全职太太。

新婚时，叶嘉莹与丈夫一起暂住在上海的亲戚家。没过多久，赵钟荪在南京找到了工作，叶嘉莹便一同去往南京。

这是一段叶嘉莹从未经历过的日子，仿佛每一天都在未知的海面上胆怯地行驶，为前方的路担心。她惊叹于自己竟然走得这样快、这样远，甚至几乎忘记了，当初为什么出发。

漂泊他乡的人，最大的心愿就是拥有一间属于自己的房子，就算再破烂不堪，只要和亲人相守在一起，过安稳的日子，就是幸福。

陌生的南京，没有属于叶嘉莹的家。她只能和丈夫住在一间临时租来的房子里，家徒四壁，除了一张可供睡觉的床，房间里唯一称得上"家具"的东西，就是一个红泥小火炉，除此之外，一无所有。

在柴米油盐面前，再诗情画意的人也不得不向现实低头。叶嘉莹在极短的时间内再一次经历了身份的转换，从全职太太再一次变回职业女性，她成了圣三中学的一名教师。这是一所私立的天主教中学，在学校里教书的时间，是叶嘉莹唯一能与她最爱的诗词亲密相处的时刻。

混乱的时局之下，即便拥有一份工作，叶嘉莹和丈夫的日子过得依然非常艰难。因为通货膨胀严重，南京民不聊生，曾经的钱币变成了一堆堆不值钱的废纸，房东宁愿收取米面当房租，也不愿意收现金。

更可恶的是，一些无良商人企图囤积居奇，将生活物资囤积起来，不肯拿到市面上售卖。偶尔发现有卖生活物资的地方，那里一定排着长龙，排了许久，也很可能因为物资售罄失望而归。

因为市面上物资奇缺，价格翻着番地涨。今天卖五元钱的东西，明天就可能卖十元。好在，叶嘉莹留了一点心眼儿。当她发现纸币日渐贬值，便将所有的钱都换成银圆存了起来，至少可以保值。实在缺钱时，再把银圆一个个拿去卖掉。

每一天，叶嘉莹都活在战战兢兢之中，越是不太平的时代，金钱与爱情越会成为女人渴望的安全感，可惜，这两样，她都没有。

好在，她还有自己。她忽然想起当年母亲说的那句话："女孩子就要什么都会。"此时此刻，她终于明白，原来，母亲让她学习女红，并不是为了让她学会伺候别人，而是希望她知道，日子不会永远顺风顺水，无论任何境况之下，女人都要凭自己的能力站稳脚跟。

知识，就是叶嘉莹当时的安全感。至少，她可以凭借拥有的知识，为自己换来一份生活的保障。只可惜，乱局之下，她早已失去了创作诗词的兴致。

人在失意时，总会在梦中回到最快乐的时光。那段时间里，叶嘉莹不止一次梦见和最好的朋友兼同学刘在昭结伴在后海散步，再结伴穿过后海的芦苇丛，去恩师顾随家中拜访。她听不清顾随先生在梦中和自己说了些什么，只知道自己满眼是泪，仿佛在梦中她却清醒地知道，这一切只不过是个梦而已，那些曾经的美好，再也回不去。

苦闷，是叶嘉莹在南京婚后生活唯一的形容词。她曾经以为，辞别了塞北风沙，便能感受江南美景，谁承想，江南的风，比塞北更加凄冷。有时，她会收到旧日亲朋寄来的书信，他们在信中关心叶嘉莹的生活，她却不敢说，自己在南京就连维持生计尚且艰难，更不要提重拾往日诗歌怡情的生活。江南美景，她从未真正感受过，只感叹曾经的王都金陵，如今六朝风物尽数凋零。

叶嘉莹痛恨这纷乱的时局，甚至有些责怪自己，没能让自己过回曾经的日子。可是，她已尽到了自己的全部努力，还能再做些什么呢？婚姻是两个人的事情，作为婚姻中唯一努力经营的那个人，叶嘉莹注定身心俱疲。

回首朝暮，有锦亦有素，有喜亦有悲，就连叶嘉莹自己也说不清，是如何仅凭这一颗心，承载这世间种种的。

1948年11月，解放战争已至尾声，国民党败局已定，许多国民党人纷纷逃往台湾，叶嘉莹也只能跟随丈夫一同坐上了去往台湾的"中兴轮"。

对于国民党的战败，叶嘉莹并不感到意外。早在抗日战争刚结束的时候，刚刚在中学教书的叶嘉莹曾带着学生们在马路边迎接国军胜利归来。那时，负责接收沦陷区的国民政府便大发国难财，四处搜刮贪污。当时民间百姓用"五子登科"来讥讽国军的行径,所谓"五子",便是金子、银子、房子、车子和女子,"接收"就此变成了"劫收",百姓对国民政府渐渐寒心,叶嘉莹也对这样的政府深感失望。

直到轮船驶出海港,叶嘉莹依然觉得这半年多的人生好似一场噩梦。她多希望自己立刻能从梦中醒来,睁开双眼时,自己还是在北平任教的女老师,不曾嫁人,更不需要颠沛流离。

当进入那罐头盒一般狭窄的船舱,叶嘉莹终于相信,眼前的一切都是真实的。因为逃亡的人太多,轮船上根本没有舱位,睡觉只能打地铺。并且,这还不是直达邮轮,中途必须在基隆靠岸,之后才能辗转到达目的地左营。

深夜十一点,轮船缓缓地在一处荒凉的港口靠岸。走出船舱时,叶嘉莹根本不确定这里是否真的适合居住。直到走到车站附近,看见一间用竹子搭起来的卖炒米粉的小棚子,叶嘉莹才确信,这里的确是有人的,并且终于想起来,自己已经整整一天没有吃过东西了。

她走进竹棚,想要点一碗炒米粉充饥。无意间抬头,她发现墙壁上竟然爬满了壁虎。自幼在北方长大的叶嘉莹从未见过壁虎,虽然知道这个小动物并不伤人,还是莫名地感到害怕。她跌跌撞撞地跑出了米粉店,站在门口平复了许久,才终于又鼓足勇气走回去。

身为一名逃亡者,对壁虎的恐惧哪抵得过腹中的饥饿。叶嘉莹几乎是闭着眼睛,胡乱吃了几口炒米粉,之后便找了一处简陋的小旅馆住下了。

这注定是一个辗转难眠的夜晚,身处陌生的地方,四周都是陌生的人,就连花草与空气都是陌生的。房顶时不时传来奇怪的声音,吓得叶嘉莹根本无法入睡。后来她才知道,那是壁虎的叫声,扰着她的心神,让她几乎睁着眼睛熬到天亮。

第二天一早,一辆部队的车把他们接到海军宿舍。那时的左营,建筑大多是日式的,植物与水果都有着浓郁的热带特色。若叶嘉莹是一名旅行者,这些景物一定会让她产生极大的兴趣,或许还会创作出许多浪漫的诗词。可惜,她只是一名逃亡者,无暇欣赏风光,甚至连吃饭、睡觉都没有心情。

夜晚是最容易滋生绝望感的时刻,辗转难眠时,叶嘉莹总会一遍又一遍地问自己:"我怎么就来到这里了呢?我为什么要来这里?"可惜,四野静寂,没有人能给她答案。

客居在左营的叶嘉莹,仿佛把自己弄丢了。她不是一个不懂得照顾自己的人,却不知为何,自从来到这里,她连生活都不会了。有时候,她觉得自己就像一个游荡在房间里的躯壳,至于灵魂,被她留在了生她、养她的北平。

一场漂泊,让叶嘉莹与旧日亲朋好友彻底断了联络。就连能让她聊以慰藉心灵的书籍,也在长途颠簸中遗失了。对叶嘉莹而言,无书可读的日子,是人生中最黑暗的日子。

3. 漂泊中寻觅故梦

那时的叶嘉莹,脑海中总是盘桓着李清照的词。她觉得自己的经历与李清照那样相似,同样因为战乱远离故土,漂泊异乡,也同样在乱世中与丈夫分离,独自苦苦支撑。

词本身就带有一种婉约的特质,李清照身为女性,写女性化的词,不但写得婉约、温馨,还带有一种骏逸之气。哪怕是写国破家亡的悲哀,李清照也不会选择激昂的笔调,而是用女性婉约的笔调来写。

李清照喜欢竞争,且自命不凡。她自幼受过很好的教育,从她的诗文中便可看出,李清照是一个有真学问的女子,既典雅,又有气魄。

作为同样从旧家庭中走出来的女性诗人,叶嘉莹深知传统文化对女性的禁锢，因此，她对李清照的词格外偏爱，既欣赏李清照的婉约，也推崇她的坚韧，更敬佩她的勇敢。因为，古代女子很少有人像李清照这样，敢大胆描写自己的相思与爱情。

李清照的词，一定是婉约的，即便经历了国破家亡的痛苦，内心的悲愤依然没有改变她对婉约词风的坚持。哪怕是写国破家亡，她也有独特的表达方式：

永遇乐

落日熔金，暮云合璧，人在何处。染柳烟浓，吹梅笛怨，春意知几许。元宵佳节，融和天气，次第岂无风雨。来相召，香车宝马，谢他酒朋诗侣。

中州盛日，闺门多暇，记得偏重三五。铺翠冠儿、撚金雪柳、簇带争济楚。如今憔悴，风鬟霜鬓，怕见夜间出去。不如向，帘儿底下，听人笑语。

上半阕写的是南渡以后的寂寞生活，下半阕写的是回想从前。国破家亡，物是人非，李清照却并没有直接写家国的悲慨，只用委婉的笔调写尽自己的感慨。

每次读到这首词，叶嘉莹总会联想到自己。她和李清照一样，都是在战乱中被迫离开家乡的女子。她曾经以为，这只是一次短暂的离开，等时局稍稍平稳，还能回到自己熟悉的那片土地，过最熟悉的生活。

她从没有想过，自从来到台湾，她的生活已经发生了一场巨变。一切都不再是熟悉的模样，她的人生轨迹已经彻底扭转。

初来台湾，一切都需要重新适应。从前，每次难过的时候，书籍总能给她极大的安慰。她多想一头扎进书海中，让那些密密麻麻的文字充实自己的灵魂，为自己注入些许能量。

可惜，她带来的那些书，已经在漂洋过海的途中遗失了。只有那些刻在脑子里的诗词，可以勉强打发此刻寂寞的生活。

每当想家时，叶嘉莹都会吟诵李清照的《南歌子》：

天上星河转，人间帘幕垂。凉生枕簟泪痕滋。起解罗衣，聊问夜何其？

翠贴莲蓬小，金销藕叶稀。旧时天气旧时衣，只有情怀、不似旧家时！

本是经历了国破家亡的变故，李清照却没有直接说，反而只写季节的转变，秋天来了，枕席之间升起一片凉意，所以不知不觉流下泪来。漫漫长夜，不知何时才天明。金风使得荷叶残破，贴在水面上的荷花，露出零落后小小的莲蓬，身上那绣有荷花、荷叶、莲蓬图案的衣服，翠贴也磨损了，金线也脱落了。整首词完全没有采用慷慨激昂的语调，用的全都是非常女性化的语言来述说悲伤。

颠沛流离之前，叶嘉莹也喜欢李清照的词。李清照身经北宋灭亡、南渡，国破家亡，不仅都城沦陷，二帝被俘，丈夫也在变乱中离世了。这样国破家亡的遭遇，李清照还是用婉约的笔调慢慢讲述，因为她认为，词要写得婉约，才是正宗。

同样是中国女性，叶嘉莹和李清照一样，个性中都有婉约的一面。从小"大家闺秀"式的教育，让她从来不懂得什么叫作反抗，却也教会了她包容与坚韧。

她不喜欢这里的生活，但她必须去试着接受这里，试着将生活调回正轨。因为她知道，一旦长时间沉浸在忧伤里，可能真的就自暴自弃了。

叶嘉莹记得，恩师顾随曾说过："一个人要以无生之觉悟为有生之事业，以悲观之心情过乐观之生活。"此时此刻，叶嘉莹正处于命运的重压之下。如果不想被困难打倒，就要在苦难中，实现对精神的救赎。

诗词，总能带给叶嘉莹无限的力量。她放弃了那些婉约的词句，转头去读李清照的另一首好词。

渔家傲

天接云涛连晓雾，星河欲转千帆舞。仿佛梦魂归帝所。闻天语，殷勤问我归何处。

我报路长嗟日暮，学诗谩有惊人句。九万里风鹏正举。风休住，蓬舟吹取三山去！

这首词一开篇便自命不凡，与李清照其他的词皆迥然不同。词中的意象不仅写得高远开阔，而且可以引发人精神上一种飞扬超越的向往。

或许对于当时的叶嘉莹而言，读这样的词，才能给予她生活的力量，让她觉得生活还是有所希望的。

李清照笔下那满天如波涛的白云以及浓雾茫茫的景象，不知是现实还是想象。她说"仿佛梦魂归帝所"，或许那便是一种灵魂追寻的比喻。她所说的"闻天语"，其实是她在心灵的追寻中的自问之语。

所以，词的下半阕，李清照做出了回答。那一句"我报路长嗟日暮"，能让叶嘉莹想起《楚辞·离骚》中的"吾令羲和弭节兮，望崦嵫而勿迫，路漫漫其修远兮，吾将上下而求索"。长路的追寻与迟暮的悲慨，正是千古才人志士的共同志意与共同的悲哀。

写下这首词时，李清照已是晚年。身为女子，她经历了国变与家变的种种灾难，到了迟暮之年，已经一无所有，仅剩下平生留下的几首诗词，聊以自慰。

所以她说"学诗谩有惊人句"，既是对自己说，也是对别人说。徒有惊人之句，对于国事、家事又有何用？又有谁能了解、欣赏呢？

可是，李清照并没有陷入消极悲观的绝望之中，她反而在词的结尾拼命振臂呼求祈望："九万里风鹏正举。风休住，""九万里风"源自《庄子·逍遥游》，形容鹏鸟凌风而上的姿态和气势，也是用来形容李清照自己心灵中的一种境界。她希望"风"不要停，因为她还有高飞的精神，不肯罢休。

在词的结尾，李清照说"蓬舟吹取三山去"，与开端所写的"星河欲转千帆舞"相呼应。李清照觉得自己也如同在星河之侧飞舞的一个"蓬舟"，希望能到达神话中所说的"三山"。叶嘉莹何尝不是如此？李清照的这首词，鼓舞着叶嘉莹不肯终止、不肯罢休的追寻的精神，将她引入了一个非常高远的境界。

所以，叶嘉莹总是说，这首《渔家傲》才是李清照更可注意的成就。它突破了妇女的情意和感觉的限制，已经达到了非常健举超逸的境界。

叶嘉莹吟诵着李清照的词，在黑暗中熬过了一个漫长的冬季，终于在春暖花开时节，等来了一个令人振奋的消息。

在台大教书的许世瑛是叶嘉莹在北平老家的邻居，得知叶嘉莹也来了台湾，便介绍她去彰化女中教书。

她终于又找回了些许快乐，一想到又能把自己最喜爱的中国古典诗词分享给学生们，日子仿佛也有了一些盼头。

4. 花开惊动乡思

来到彰化不久,叶嘉莹发现自己的身体发生了变化。她总是觉得懒洋洋的,吃东西也没有胃口,有时闻到不喜欢的气味还会恶心呕吐。医生告诉叶嘉莹,她就快当妈妈了。一想到自己的身体里正在孕育着一个幼小的生命,一种即将成为母亲的幸福感竟然暂时驱散了萦绕在头顶的阴霾。

十个月后,叶嘉莹即将与自己的孩子见面。她忍受着一次比一次更痛苦的阵痛,尽量压抑着自己不要叫出声来。她的丈夫、孩子的父亲赵钟荪,只在天不亮时把她送到了海军医院,之后便离开了,再也不闻不问。

一个毫无责任感的男人,只会为女人带来更大的痛苦。叶嘉莹一个人在医院疼得死去活来,分娩过程经历了整整十六个小时，巨大的疼痛也持续了十六个小时。

她硬是咬着牙，忍着痛，顺利把女儿带到了这个世上。看着女儿大声啼哭的样子，叶嘉莹既幸福，又难过。她幸福的是自己成为一个妈妈，难过的是不知道这个娇弱的小生命要跟着自己遭多少罪。

女儿出生之后，赵钟荪只在圣诞前夜来看望过一次。他似乎根本不关心这对母女，只在一旁与校长下棋。叶嘉莹与女儿，原本应该是赵钟荪生命中最重要的两个女人，可他不闻不问的态度，证明她们在他的心目中毫无存在感。叶嘉莹对这个丈夫已经失望至极，可自幼的修养，却让她连一句抱怨的话都没有说。

如果说，丈夫的漠不关心，只是厄运在对叶嘉莹小试牛刀，那么，接下来发生的事情，则是厄运开始肆无忌惮地大显身手。

1949年12月25日，天还没亮，赵钟荪就被国民党抓走了。他们说，赵钟荪是因为思想问题被捕的，他们的家也因此被抄，任何有文字的内容，都被当成证据带走，其中还包括叶嘉莹伯父所写的诗。

当时，国民党在台湾大举肃清异己，台湾警备总司令部发布了戒严令，紧接着，"惩治叛乱条例""肃清匪谍条例"相继实施，那段高压统治后来被称为白色恐怖，打击对象包括知识分子、军人、农民、工人、左翼人士、异己社会民主运动分子。近万人在白色恐怖中被处死或长期监禁，更有数不胜数的人惨遭株连，蒙受冤屈。

第三章　远方不是地狱，也不是天堂

赵钟荪被抓走后，尚处在慌乱之中的叶嘉莹临时准备了一些自己的旧衣服给女儿做尿布，之后便跟随着海军抓人的官兵，坐上了前往左营的火车。她想方设法打听丈夫的消息，却毫无结果，只得无奈回到彰化女中继续教书。

那时女儿言言只有四个月大，尚在襁褓之中。叶嘉莹一边照顾女儿，一边坚持工作，可是，厄运到此并未结束，赵钟荪被抓走后的第六个月，叶嘉莹也被抓走了。

当时的国民党风声鹤唳，似乎觉得每个人都有思想问题。连同叶嘉莹一起被抓走的，还有学校的其他几位老师。他们先是被抓进警察局问话，没有查出任何问题，又被关进了台北宪兵司令部。

叶嘉莹被抓走时，放心不下襁褓中的女儿，只能把她也抱进警局。好在，他们没有找到叶嘉莹有思想问题的证据，便让她写下一封自白书，将其释放。

即便如此，叶嘉莹还是成了别人口中"有问题"的教师。学校不敢让她回去继续任教，叶嘉莹就此失去了生活来源。赵钟荪还在监狱里，女儿言言是叶嘉莹唯一的亲人。她将女儿紧紧抱在怀里，迷茫地走在彰化街头。来台湾一年多，叶嘉莹还是没有归属感。这里不是家，可是，她还能去哪里？

思来想去，赵钟荪的姐姐，是叶嘉莹唯一可以投奔的人。她带着女儿又回到了左营，与其说是投靠亲人，不如说是寄人篱下。赵钟荪的姐姐家并不宽敞，只有两间很小的卧室，他们一家人还不够住，叶嘉莹带着女儿来了之后，这所小小的房子便显得更加拥挤。

无奈，叶嘉莹只能带着女儿睡在狭窄的过道里，连张床都没有。其他人起床之前，叶嘉莹就必须起床，把被褥收拾好，让过道空出来。到了中午，别人要睡午觉的时候，叶嘉莹却没有资格午睡，为了不影响别人，她只能抱着女儿走得远远的，躲在树下的阴影里休息。

到了晚上，无论多困、多累，叶嘉莹都要等到其他人都睡下了，才能打地铺睡觉。无数个夜晚，叶嘉莹都是在泪水中睡去的。女儿太小，离不开人照顾，因此叶嘉莹不能出去找工作。可是，她从未将女儿当成拖累，因为女儿是她唯一的精神支撑。

后来，父亲把叶嘉莹母女接到了台南的宿舍，她们终于拥有了一张属于自己的床，可经受了一连串命运捉弄的叶嘉莹，在那张床上病倒了。

因为没有工作，叶嘉莹连吃饭都成了问题，根本没钱看病。她就那样硬生生地熬了好几天，有时候，她也在想，如果自己就这样病死了，或许就得到了解脱。可是一看到襁褓中的女儿，叶嘉莹又咬牙坚持。她经历过丧母之痛，不忍心让女儿这么小就失去母亲。

浣溪沙

一树猩红艳艳姿，凤凰花发最高枝。惊心节序逝如斯。

第三章　远方不是地狱，也不是天堂　　103

中岁心情忧患后,南台风物夏初时。昨宵明月动乡思。

台南地区有一种名叫"凤凰木"的植物,每到夏天,都会开满一树火红色的花朵,宛若烈焰燃烧在高高的枝头。叶嘉莹在北方没有见过哪种树能开出这么大、这么鲜艳的花朵。她听说,凤凰花的花语是"火热青春",可自从结婚之后,经历种种的遭遇,属于她的青春似乎早已悄然逝去了。

虽然只有二十七八岁的年纪,叶嘉莹的心却已经苍老。那些火红的凤凰花,牵动了叶嘉莹的思乡之情。她实在太想回到北京,回到从前的生活。

蝶恋花

倚竹谁怜衫袖薄。斗草寻春,芳事都闲却。莫问新来哀与乐。眼前何事容斟酌。

雨重风多花易落,有限年华,无据年时约。待屏相思归少作。背人划地思量着。

这首《蝶恋花》与上一首《浣溪沙》一样,是叶嘉莹在失意之时写下的悲凉之语。她觉得自己就像杜甫在《佳人》一诗中描写的那个在战乱中与亲人失散的孤寂女子,任凭衣衫单薄,却无人同情怜惜。

"美好"成了一个只供回忆的字眼,如今,她再也回不去从前那般"斗草寻春"的生活了。她的情绪已经变得麻木，谈不上悲伤或是快乐。每一天，她都在面临生活的考验，自己几乎被生活逼得无路可走，哪还有空闲去思考情绪！

沉重的苦难，压得她喘不过气。一切梦想都宛若落花，在雨打风吹中凋落。她觉得自己已经失去做梦的资格了，所谓梦想，都是留给比她更年轻的人的，剩下给她的，只有幻想。

那是叶嘉莹人生中最绝望的一段岁月，她就如同一棵被风吹断了根的蓬草，无助地随风飘转。无妄之灾说来就来，能施以援手的人却少之又少。带着这般无助的心情，她创作了下面这首诗：

转蓬

转蓬辞故土，离乱断乡根。
已叹身无托，翻惊祸有门。
覆盆天莫问，落井世谁援。
剩抚怀中女，深宵忍泪吞。

在这首诗的前面，叶嘉莹还附上了一段序文：

"一九四八年随外子工作调动渡海迁台。一九四九年冬长女生甫三月，外子即以思想问题被捕入狱。次年夏余所任教之彰化女中自校长以下教员六人又皆因思想问题被拘询，余亦在其中。遂携哺乳中未满周岁之女同被拘留。其后余虽幸获释出,而友人咸劝余应辞去彰化女中之教职以防更有他变。时外子既仍在狱中,余已无家可归。天地茫茫,竟不知谋生何往,因赋此诗。"

这种死不了又活不起的日子,持续了近十个月后,叶嘉莹终于在堂兄的帮助下,又找到一份在私立中学教书的工作。一边上班,一边照顾女儿,其中的辛苦可想而知。台湾临海,刮台风的季节,是叶嘉莹最苦不堪言的时候。台风裹挟着暴雨,上下班的路上寸步难行,家里的玻璃动不动就被台风刮碎,女儿吓得哇哇大哭,叶嘉莹一边安抚女儿,还要一边手忙脚乱地收拾台风留下的残局。

唯一的欣慰,是她终于拥有了一份收入,靠自己的能力养活自己和女儿的感觉,让叶嘉莹终于找回了久违的尊严。

只不过,对故乡的思念,是叶嘉莹生命中不可承受之痛。午夜梦回时,因为思念家乡,叶嘉莹也曾写下哀婉的词句:

怀故乡·鸳鸯煞

常记得故乡当日风光好。怎甘心故乡人向他乡老。思量起往事如潮。念故人阻隔着万水千山,望天涯空嗟叹信乖音渺。说什么南浦畔春波碧草。但记得离别日泪痕多,须信我还乡时归去早。

学校为叶嘉莹提供了一间宿舍，那是一座日据时期留下来的统舱式房子，没有顶棚，能看见屋顶上木头的梁柱，条件十分艰苦。叶嘉莹去上课时，只能请一位当地女孩来照顾孩子，有时那个女孩请假，叶嘉莹就不得不带着女儿去上课。带女儿上课时，她把女儿放在教室最后边的一个空位上，再给女儿一张纸、一支笔，让她随意画画。

作为一名独自带着女儿来上课的女教师，叶嘉莹背负了许多猜疑。可是她不能说自己的丈夫被关起来了，否则会再次失去工作和住所。

三年后，赵钟荪被释放。叶嘉莹本以为，一家人终于团聚之后的生活会越来越好。不承想，出狱后的赵钟荪仿佛变了一个人，从之前的冷漠变成了如今的暴躁，每当他发起狂来，叶嘉莹都恨不得他不要回来。

当赵钟荪的拳头第一次挥在叶嘉莹的脸上，这段原本就没有爱情的婚姻，已经成为一场悲剧。从那一次开始，叶嘉莹时常遍体鳞伤。"把自己一部分精神情感完全杀死"，这是叶嘉莹写在文章中的一句话，那时，她几乎已经有了自杀的念头，但一想到女儿，一想到自己毕生挚爱的国学，她又一次坚持了下来。只是，在一次又一次与丈夫的肢体冲突中，他们之间那仅存的一点点感情，彻底烟消云散。

叶嘉莹曾说，自己曾有两次把感情杀死的经历。第一次，是丈夫刚刚出狱之后，性情变得乖戾暴躁之时。当时，为了年迈的父亲与两个年幼的女儿，叶嘉莹必须隐忍，当情绪堆积到无以复加，叶嘉莹也曾对自己的人生感到失望透顶。

那段时间，她总是梦见自己遍体鳞伤的样子，有时，还会梦到离世多年的母亲。直到有一天，她读到王安石的《拟寒山拾得》，刹那间便被其中的文字惊醒。王安石在诗中写道："风吹瓦堕屋，正打破我头。瓦亦自破碎，岂但我血流。我终不嗔渠，此瓦不自由。众生造众恶，亦有一机抽。渠不知此机，故自认愆尤。此但可哀怜，劝令真正修。岂可自迷闷，与渠作冤雠。"

这首诗宛如当头棒喝，打醒了濒临崩溃边缘的叶嘉莹。人生痛苦何其多，虽无法忘却，也不能因痛苦而堕落，更不能日日沉溺于痛苦之中。于是，她便时常用这首诗来告诫自己，既然那种感情和情绪使自己受到了伤害，那就把感情杀死，好让自己不再为感情之事烦恼。

第四章

游历中的诗篇,且行且吟

1. 总为浮云能蔽日

愁与思，皆是流光的赠予，没有人从一开始就能顿悟人生，甜言蜜语交织着凄风苦雨，才是似水流年的真意。

陌陌红尘，羁泊异乡，那时的叶嘉莹，不过是一名默默无闻的女子，鲜少有人知道她的名字，更何谈有人懂得她的心事。可是，若只顾着顾影自怜、暗自神伤，又有何用？只要活着，就得积极去寻找一条更好的活路。

叶嘉莹庆幸自己总能在最艰难的时候遇到贵人，一位彰化女中的老同事在叶嘉莹处在最低谷的时刻，帮她和赵钟荪同时在台北二女中找到了工作：叶嘉莹教高中国文，赵钟荪教初中国文。

工作与家庭，哪个是砒霜，哪个是蜜糖，谁又能一概而论？

家庭本应是最温馨的地方，可对于叶嘉莹而言，那里却是她轻易不愿踏足的地方，唯有工作上的成就感，才是苦涩的日子里仅有的一抹甜。

在台北二女中，叶嘉莹教两个高中班级的国文，同时还要兼任其中一个班的导师。两个班的学生加起来近一百五十人，这便意味着，叶嘉莹每隔一周，就要批阅一百五十篇学生作文。除此之外，学生们还要练字、写日记、周记，这些都是需要叶嘉莹教学、辅导、批阅的功课。即便工作安排已经如此紧凑，叶嘉莹还要抽出时间，在教会兼职教主日学。身边的同事都很难想象，她是如何拖着这样一个瘦弱的身体，完成如此多的工作的。

同事们不知道的是，需要叶嘉莹独立完成的，不只是那些似乎永远也做不完的工作，家里的所有事情，也都需要她一个人去处理。

患难多年，叶嘉莹的身体已经羸弱不堪，在最艰苦的岁月里，她还得了哮喘病。繁重的家务与病弱的身体，都没能成为她耽误工作的理由。在学校里，叶嘉莹是最受欢迎的国文老师，不仅学生喜欢她，学校的领导也欣赏她。

只要有教育主管部门来学校视察，学校都会安排叶嘉莹的课作为公开课。她的课总是上得引人入胜，有时，督学也会听得入神，即便下课铃声响起，只要叶嘉莹的课没有讲完，督学就舍不得离开。

饮一杯红尘，醉一段浮生。多想问一问，若不能一世相知、相依，为何还要有缘相识？

赵钟荪的个性越来越古怪、可怕，叶嘉莹为了家庭不散，只能默默忍受。赵钟荪出狱后不久，叶嘉莹发现自己又怀孕了，她以为，一个新生命的诞生，会扫去这个家庭上空的阴霾。可惜，她错了，赵钟荪一直想要儿子，当得知叶嘉莹又生了一个女儿，当场就变了脸色，在心里越发怪罪起叶嘉莹来，对叶嘉莹的家暴也更变本加厉。

叶嘉莹曾讲过自己为什么能够如此忍受赵钟荪，在《红蕖留梦——叶嘉莹谈诗忆往》一书中，她写道："那时候我在思想上并没有什么觉悟，只觉得一切都该逆来顺受，以委曲求全忍辱负重为美德。"

好在她是个性格坚韧的人，否则早就被生活压垮了。那时，一家四口在台北的家很小，由于空间局促，叶嘉莹连备课的地方都没有，只能在走廊的一处角落放一张小小的书桌，用来读书写字。

她将自己的灵魂安放于这方寸之地，这是属于她自己的精神世界，她的许多文稿就是在这张小小的书桌上创作出来的。

1954年，叶嘉莹已是而立之年，这一年，她有幸遇到了人生中两位重要的贵人——许世瑛先生与戴君仁先生。

这两位先生都是当年辅仁大学的教师，戴君仁先生是叶嘉莹大一时期的国文老师，许世瑛先生虽没有教过叶嘉莹，但对这位年年考第一的女学霸印象颇深。

在这两位先生的引荐下,叶嘉莹得以进入台湾大学任教。起初,她只是教大一两个班的国文;后来,因为她的教学实在出色,课时便越来越多。

在台湾大学,叶嘉莹还负责教一门"诗选及习作"课程。她不但要在课堂上选诗来读,还要教学生作诗。一次,她的一个学生作了一首诗,其中有一句"红叶枕边香",叶嘉莹觉得这句诗不合乎常理,因为她从没有闻到红叶散发出香气,并且红叶大多长在山上,不可能落到枕边,怎么想都说不通。

叶嘉莹说出自己的点评意见之后,竟遭到了学生的反驳。他说,自己写的都真的,那片红叶是女朋友送给他的,上面还有香水,放在他的枕边,就成了"红叶枕边香"。那名学生觉得,这句诗符合叶嘉莹常说的"修辞立其诚",可叶嘉莹却不这么认为。

她觉得,诗歌必须有一种感发的力量,这个意思并不是说作者有感而发才写,而是这个感发的力量要能够传递给读者,这样才能将诗歌的生命传达出去。

在评价诗词与诗人时,叶嘉莹总是保持着理性的客观。她欣赏某些诗词,却不代表欣赏这些诗词的作者本人;她欣赏某些诗人的某些特质,却不代表这些诗人毫无缺点。在对学生点评"诗仙"李白的时候,叶嘉莹也是秉持这样客观的态度。

在众多写李白的诗中,叶嘉莹最欣赏的是杜甫的《赠李白》:

秋来相顾尚飘蓬，未就丹砂愧葛洪。

痛饮狂歌空度日，飞扬跋扈为谁雄。

杜甫用一首简短的小诗，便将李白狂放不羁的形象勾勒于纸上。表面来看，杜甫似乎是在规劝李白不要痛饮狂歌、虚度时日，不要飞扬跋扈，人前称雄。实际上，杜甫却是在讲述李白两难的人生：他虽有济世之才，却难以施展；既失望于世，又不能弃世；既不能弃世，又有对神仙的向往；既向往神仙，又明白求仙的虚妄。

在杜甫心目中，李白是个天才，在叶嘉莹心目中也是如此。

李白生来不羁，是贺知章口中的"谪仙人"，可惜，像他这般不肯受任何拘束的天才，却偏偏落在到处都是拘束、痛苦和罪恶的人间。他不甘心，便奋力挣扎，就连他的诗句也是如此，因此，他一生都处在痛苦地挣扎中。

盛唐诗人，有的求"仕"，有的求"隐"，李白却把"仕"和"隐"结合在一起去追求。一方面，他希望建功立业；另一方面，他又认为追求功名是可耻的。于是，他的理想便是在建功立业之后飘然而去，不接受任何功名利禄的奖赏。

李白常在诗中嘲笑儒生的迂腐，比如"我本楚狂人，凤歌笑孔丘"，但是，他却欣赏儒家追求不朽的志意——人生在世，总要为这个世界做出点贡献。

因为不甘心让自己的生命落空，李白想要入仕。因为生性不羁，他不屑于通过科考入仕。于是，带着一份天才的狂想，李白用求仙学道和周游天下这样的方式，寻找懂得赏识自己的人。

他果然受到了唐玄宗的注意，封他做翰林待诏，可李白并不觉得这是自己的荣耀，反而觉得是一种耻辱。他不想成为一个为皇帝饮酒助兴的诗人，于是辞官还乡。

安史之乱中，李白用世的志意并未消退，于是他写了许多诗。在《赠张相镐》之二中，他写道："抚剑夜吟啸，雄心日千里。誓欲斩鲸鲵，澄清洛阳水。"在《古风》之十九中，他写道："俯视洛阳川，茫茫走胡兵。流血涂野草，豺狼尽冠缨。"

他始终关怀着天下苍生，甚至坚信，只要受到重用，他就能恢复天下的太平。可惜，李白的第二次求仕还是以失败告终，并且获罪流放，好在中途遇到了大赦。

叶嘉莹眼中的李白，虽然是天才的诗人，却极度缺乏政治家的冷静眼光。他一生都在求仕，直到六十一岁，用世之心依然不改，甚至还写了一首题目很长的诗，叫作《闻李太尉大举秦兵百万出征东南懦夫请缨冀申一割之用半道病还留别金陵崔侍御十九韵》，希望能够为国家建功出力。可惜，这首诗写完不久，李白就病逝在从军的半路上。

临终之前，李白还写了一首《临终歌》："大鹏飞兮振八裔，中天摧兮力不济。"他将自己比作一只在中天摧折的大鹏鸟，白白有建功立业的愿望，却生不逢时，虚度一生。

虽然李白的政治理想没能实现，但叶嘉莹对他驾驭诗歌的能力还是非常赞叹的。她尤其欣赏李白独特的创造力，当时的诗歌，大多遵从固定的节奏创作，李白却偏偏不愿用这种死板的形式写诗，他要独树一帜。

于是，他创造了一种自由体，那是因为他掌握了声律节奏之美的原理和原则，打破了节律之美的外表形式，这便是李白的天才之处。

叶嘉莹曾由衷赞叹，说在乐府诗中，李白的杂言体是写得最好的。他驾驭声音节奏和句子长短的超凡能力，他的想象力之丰富，绝不是一般人能比拟的，绝对配得上"文字大师"的称号。

或许，叶嘉莹也在尝试着体会李白的乐观与豪放。人生是一场漫长的挑战，不怕输的人才最勇敢。若自己没有退路，那就索性停下来，享受此刻的人生。

2. 把从前、离恨总成欢，归时说

有一种快乐，建立在不断追求与争取的过程之中。在古诗词研究与讲学的这条路上，叶嘉莹不断地推进、求索，品读诗词中的悲欢喜乐，本身就是一种幸福。

作家席慕蓉也曾在叶嘉莹的课堂上旁听，回忆起叶嘉莹在课堂上的模样，席慕蓉说："叶先生讲课的时候，那个感发的力量，当她介绍李白的时候，李白就很骄傲地出来了；当她介绍杜甫老年的诗歌的时候，杜甫就真的老了。"

最让席慕蓉受到震动的，便是叶嘉莹讲辛弃疾的那堂课。她记得："那天叶先生穿着非常素淡的衣服，别了一朵蝴蝶兰，秀雅、端庄，就是老师平常的样子。可是很奇怪，老师一开始讲辛弃疾，我们所有在场的人都觉得有一种雄浑的气势逼人而来。好像就是辛弃疾来了,跟我们说他蹉跎的一生。"

叶嘉莹口中的辛弃疾,是"伟大的作者"。她这样评价辛弃疾:"他是用他的生命去写他的诗篇的,用他的生活来实践他的诗篇的。"因为在辛弃疾的人生里,从来没有"退"过。叶嘉莹曾经在课堂上幽默地说,自己喜欢和辛弃疾做朋友。因为辛弃疾对理想的勇敢和纯粹,让她感动。

人们常把辛弃疾和苏轼称为"豪放派",但在叶嘉莹看来,辛弃疾的词在豪放之中,也透露出一些婉约的意致。他常在词中书写自己正面的志意,表达自己做人的理念,或许这也与他的人生经历有关。

辛弃疾出生于南宋乱世,那时,北方已沦陷在金人之手,自幼,他便被祖父培育出爱国思想,形成了忠义的天性。二十二岁那一年,辛弃疾召集了两千多名忠义之士,投奔农民起义军头领耿京,并劝说耿京率领十万手下归附南宋朝廷,抗击金人收复国土。

辛弃疾相信,自己有朝一日一定能杀回北方,收复故乡的土地。当晚年的辛弃疾回忆起自己年轻时的壮举,曾创作了一首《鹧鸪天》:

壮岁旌旗拥万夫,锦襜突骑渡江初。燕兵夜娖银胡䩮,汉箭朝飞金仆姑。

追往事,叹今吾,春风不染白髭须。却将万字平戎策,换得东家种树书。

可惜,南渡四十年后,辛弃疾收复失地的理想依然没能实现。如果从这一点来看,叶嘉莹比辛弃疾幸运。她虽然也目睹过战乱,背井离乡,经历过生离死别,但好在,她的家乡还在,并且比从前更兴盛、更繁荣。

寓居台湾的岁月,叶嘉莹每一天都在思念故乡。她常常梦见北京的那座老宅,在梦里,那座宅院还保留着她离开之前的模样。那些最熟悉的老师和同学,也不止一次出现在她的梦里。

人已远游,心还在故地。强烈的乡愁,都被叶嘉莹写进了诗句里。"去国仍随九万风,客身依旧似飘蓬。"这是叶嘉莹在长歌《祖国行》中写下的诗句。她常说,没有经历过战乱流离的感情,就不懂得珍惜家乡的灯火。因此,她更能理解辛弃疾对收复家国的渴望。

只要被起用,辛弃疾便渴望有所作为。当年在建安做通判时,辛弃疾曾写过一首词:

水龙吟·登建康赏心亭

楚天千里清秋,水随天去秋无际。遥岑远目,献愁供恨,玉簪螺髻。落日楼头,断鸿声里,江南游子。把吴钩看了,栏杆拍遍,无人会,登临意。

休说鲈鱼堪脍,尽西风,季鹰归未?求田问舍,怕应羞见,刘郎才气。可惜流年,忧愁风雨,树犹如此!

倩何人唤取,红巾翠袖,揾英雄泪!

辛弃疾在词中称自己为"江南游子",只要故土一日不收回,他便回不去北方的故乡。他并非没有收复故土的本领,只是他的意志无人共鸣。如今,苟活于南方的他,自觉可耻。

他感叹自己英雄有为的青壮年时代已经转眼便过去了,如今遭受的都是谗毁与打击,就连大树在风雨中都会凋零,何况有感情的人,更经不起这样的挫折。

第三次被起用时,辛弃疾已经年过花甲,知镇江府。为了收复失地,他派人探听北方的消息,又惨遭弹劾,说他是"奸赃狼藉",又遭免职。再后来,朝廷打算起用辛弃疾,皆被他自己以年老多病为由推辞了,六十七岁那一年,带着壮志未酬的遗憾,辛弃疾离开了这个世界。

每次讲解辛弃疾词之前,叶嘉莹都会介绍辛弃疾的生平。因为辛弃疾的词和他的生命、生活都是联结在一起的,只有了解他的为人,才能了解他的词。

听过叶嘉莹讲诗词的学生,都会从心底喜欢上这个对诗词娓娓道来的女教师。她讲课从不卖关子,一开口,就无法掩饰她丰富的学识和历史底蕴。

作家白先勇曾说:"叶先生是引导我进入中国诗词殿堂的人。"站在讲台上的她,因为内心盈满诗词,整个人都散发出一种贵气。所以，诗人席慕蓉把她比作"湘水上的女神"，将诗书藏于心的她，整个人就是个发光体。

最初来台湾大学教书时，叶嘉莹是有些不够自信的。自己只有中学语文教学的经历，当时也没有拿得出手的论文著述，教大学生，她怕不够格。

可是，当时担任台大中文系主任的台静农先生觉得，叶嘉莹的旧诗，实在写得太好了。请她来台大任教，根本就不需要任何顾虑。

能把自己热爱的事情变成事业，叶嘉莹是幸运的。从站在大学讲台上的那一刻起，她就暗暗发誓，要把自己从古典诗歌里体会到的美好，统统告诉给年轻人。她愿意亲手推开那扇诗词的大门，把不懂诗的人接到里面来。

叶嘉莹喜爱辛弃疾，因为辛弃疾从没有一刻忘记收复家国，无论世道多么艰险，他总要坚持前行。而叶嘉莹，也是一个不肯轻易后退的女人。

一次课后，她在公共汽车站等车，突然想起"云母车"，又进而联想到李商隐的《嫦娥》诗。她忽然感慨，也许只有真正经历过磨难的人，才能真切体会到诗人心中的孤寂与悲哀吧？

在讲台上，她是一位闪闪发光的女教师。回到家里，她是一个要给女儿换尿片的母亲。女儿睡着后，她又成了一个在狭窄的走廊里备课的女教师。

当丈夫的拳头打在她身上的时候，她也曾一度陷入悲观的心境。甚至设想过，究竟哪种自杀的方式最适合自己。无数次在梦中，她看到母亲来接她回家。即便如此，她也从没有想过离婚。

绝望时，就读一读辛弃疾，是叶嘉莹从那时起养成的习惯。

辛弃疾是词人中留下作品最多、方面最广、风格最多变化的一位作者。叶嘉莹觉得，辛弃疾的艺术成就，在于他的语言用得好。不过，叶嘉莹也总是告诫自己的学生，学辛弃疾的豪放词，绝不可流入那种虚浮的、叫嚣的、空泛的作风。

豪放的言语，隐藏无限痴情，就如同叶嘉莹对辛弃疾的评价："真豪杰，其志过人，其情也必过人！"

3. 人生只似风前絮

叶嘉莹在台大中文系教书时，外文系的老师和同学们办了一个《文学杂志》，那是一本文学性刊物，刊登一些小说、诗歌、译著和一些评赏类文章。

当时，外文系学生白先勇、陈若曦、欧阳子等人常来旁听叶嘉莹的课，有时，他们也会请中文系的师生为《文学杂志》投稿，于是，叶嘉莹便写了《几首咏花的诗和一些有关诗歌的话》和《从李义山〈嫦娥〉诗谈起》等文章，发表在《文学杂志》上。

叶嘉莹发表的这几篇文章，都与王国维有关。或者说，这几篇文章，是在王国维的影响之下撰写而成的。

1957年，台湾教育部门举办了一次诗词欣赏系列讲座，叶嘉莹担任主讲人。讲座结束之后，叶嘉莹撰写了一篇文章——《说静安词〈浣溪沙〉一首》，发表在刊物《教育与文化》上，立刻在当地教育界引起了巨大轰动。

这是叶嘉莹来台湾后第一次公开发表文章，当看到自己的文字变成铅字印刷在刊物上，她忽然觉得，有一种久违的自信，正在心底缓缓滋生。

从这篇诗词评论开始，叶嘉莹撰写了许多与王国维相关的作品。

很多人好奇，叶嘉莹的第一篇赏评文章，为什么不写诗词大家，只写王国维。那是因为，她与王国维虽未谋面，却神交了太久。

叶嘉莹第一次听到王国维的名字，年仅十一岁。当时，她刚考上初中，母亲送给她一套开明版的《词学小丛书》，里面收录了王国维的《人间词话》。

可以说，《人间词话》是叶嘉莹赏评古词的开蒙读物，她从文中读出了王国维先生写作时的诚挚态度，那种"知之深且言之切"的修养，对叶嘉莹一生的教学与研究都造成了极大的影响。

任何人的格局都并非与生俱来的开阔，而是在某些人或某些事的影响下逐渐打开的。叶嘉莹觉得，自己的格局，乃至某些人生观的形成，与王国维有关。

少女时期的叶嘉莹是王国维先生的崇拜者。他们虽然不生活在同一个时代，但叶嘉莹觉得，自己与王国维先生的灵魂是相通的。叶嘉莹第一次读王国维的词，还是在辅仁大学读书的时候。一次，她看到同学抄录了王国维的《蝶恋花》："满地霜华浓似雪。人语西风，瘦马嘶残月。"透过这样凄美的词句，叶嘉莹仿佛与王国维先生清高纯然的灵魂对上了话。之后，学校图书馆里每一本与王国维相关的书，叶嘉莹都借阅过。

后来，当叶嘉莹与丈夫在台湾的白色恐怖中先后被囚禁、再先后被释放后，她深刻地体会到人生的悲哀与无常。这个时候，她想到了王国维那悲观绝望的词句，于是便撰写了那篇《说静安词〈浣溪沙〉一首》。

《文学杂志》向叶嘉莹约稿时，叶嘉莹便想起自己读过的一本纪念王国维先生的特刊里面，有王国维自沉昆明湖前一天给学生写的一个扇面，扇面上写的是两首咏花的七言律诗。受此启发，叶嘉莹便撰写了《几首咏花的诗和一些有关诗歌的话》，文章将从《诗经》以来所有咏花诗的不同风格做了一个比较。

花是有生命的，从含苞，到绽放，再到零落，是一个极其短暂的过程，正如《桃花扇》中所说"眼看他起朱楼，眼看他宴宾客，眼看他楼塌了"那般，人可以通过花开花谢的过程，感受到一个生命由生到死的过程，所以中国人喜欢咏花。

王国维写在扇面上的两首咏花诗，是清代诗人陈宝琛所作的：

其一

生灭元知色是空，可堪倾国付东风。
唤醒绮梦憎啼鸟，胃入情丝奈网虫。
雨里罗衾寒不耐，春阑金缕曲初终。
返生香岂人间有，除奏通明问碧翁！

其二

流水前溪去不留，余香骀荡碧池头。
燕衔鱼唼能相厚，泥污苔遮各有由。
委蜕大难求净土，伤心最是近高楼。
庇根枝叶从来重，长夏阴成且小休。

  花落随水流走，不能再回来，只留一缕香气。最令人难以承受的，是逝去之后留下的难忘余情，那是一种无可奈何的悲哀。

  花总是要落的，可每朵落花的命运却不同。有的零落成泥，有的被燕子衔去做巢，有的逐水飘零，葬于鱼腹。不过，后两种结局，多少还有相亲厚的意味，唯有零落成泥的落花，惨遭污秽。有人觉得，离开尘世便是解脱，可是，即便离开，又去哪里寻找一方净土呢？

  人和花一样，有生有死。即便今年的花落了，只要树的根本还在，明年就还会开花。人生在世，要在一个悠久的民族文化传统中，尽到传承的责任，那便等于保护好了树的根本。如此一来，花虽落了，树却已经枝繁叶茂，该尽的责任尽了，人便可以休息了。这或许便是王国维自沉之前的心境。

《从李义山〈嫦娥〉诗谈起》这篇文章，也是叶嘉莹在王国维的影响下写的。她在这篇文章中，从李商隐的《嫦娥》诗谈到王国维，又谈到王维，把诗人的寂寞之心做了一个比较。叶嘉莹觉得，这几位诗人的内心都是寂寞的，只是寂寞的原因和结果不尽相同。

在叶嘉莹看来，人只有在寂寞中才能观察，才能感受，才能读书，才能写作。作为诗人，要更仔细地观察，要有敏锐的感觉，所以，诗人的内心大都寂寞。

王国维的寂寞，在于一个哲人对整个人生的悲悯。他是一个集理性与感性于一身的人，理性促使他研究哲学，希望在哲学中得到解脱；感性又使他沉溺在对人生的厌倦与痛苦中无法自拔。

王国维所写的那首《蚕》，便透露着他眼中的人生：一般人都是在欲望的驱使下生活，像蚕一样愚蠢地劳苦，且没有意义。可是，蚕不认为自己是劳苦的、愚蠢的，于是，心甘情愿地这样生活。一旦蚕开始觉醒，就会感受到劳苦，可是，它又无法逃离这样的生活，便有了痛苦。

研究王国维多年来，叶嘉莹最想弄清楚一件事：为什么王国维先生要在正值盛年的时候，以投湖的方式结束自己的生命？

这个问题困扰了叶嘉莹许多年,直到后来去哈佛大学任教,叶嘉莹终于开始了对王国维先生的研究计划。而那个困扰她多年的疑问,也终于有了答案。

叶嘉莹眼中的王国维,就是那个觉醒的"蚕",有时候,觉醒反而会让人感觉不幸。所以,叶嘉莹评价王国维是"追求真理的'士'"。她认为王国维是一位了不起的学者,因为他追求的不是功名利禄,只是最纯粹的学问。他读书治学的目的,就是要把心思、理想从世俗枷锁中解放出来。所以,王国维读书不是为了明理,而是为了追求真理。当真理不能被自由地追求,生活便成了一种痛苦。

生于乱世的王国维,太需要一个纯净客观的研究环境。然而,在当时而言,这样的愿望是奢侈的。这个时候,王国维性格中的弱点便凸显了出来。他虽有崇高的理想,不愿随波逐流,却生性悲观,不肯积极进取。于是,便只能用死亡来捍卫自己理想中的清白。

对王国维的研究越深入,叶嘉莹便越了解王国维的性格。他那种理性与感性兼具并长的个性,有利也有弊。一方面,他可以用理性去研究文学,为文学批评建设一个理论体系;另一方面,他的感性让他对人生悲观,总是放不下思考人生终极的目的和意义。

认识到这一点后,叶嘉莹对王国维的态度从最初的崇拜,变成了后来的客观批判。也是通过这件事,叶嘉莹变得更加理性，不仅看问题的高度和角度变了，就连对待世界的态度也变了。

随着思想的成熟，叶嘉莹渐渐觉得《人间词话》也不一定是完全正确的。王国维曾经尝试用一些西方的、哲学的说法来解释词的境界，可是，他的有些想法，在叶嘉莹看来是空洞模糊的，并没有弄清楚什么是根本的境界；王国维还曾说"词以境界为最上"，可是引用的例证却都是诗，不免让叶嘉莹感到遗憾；并且，王国维不欣赏南宋的词，因为南宋词有许多委曲的或勾勒的手法，使他体会不到价值与美感，对此，叶嘉莹也不赞同。

她觉得，哪怕人生再不如意，也不能辜负年华性命。怨天尤人，是弱者的行为，能在悲苦中尽己所能改变命运的，才是强者。不过，王国维为人的诚、为学的真，依然是叶嘉莹最欣赏的地方。

4. 故国平居有所思

许世瑛先生担任淡江大学中文系主任之后,坚持邀请叶嘉莹过去任教。她先是负责大二中文系一个班的诗选课,后来又兼任三年级的词选课和四年级的曲选课,中间还穿插一些杜甫诗、陶谢诗、苏辛词等课程。

不久之后,辅仁大学在台湾复校。这是叶嘉莹的母校,她自然有别样的感情。当戴君仁先生成为辅仁大学的中文系主任,叶嘉莹本应责无旁贷地成为戴先生的左膀右臂。只不过,因为叶嘉莹当时负责的教学任务实在太多,便将自己的为难之处如实告诉戴先生。戴先生实在爱才心切,便与台湾大学中文系主任台静农先生商量,将一些需要批改作文的课程免去,让叶嘉莹腾出时间来辅仁大学教学,还专门为她开设了一门杜甫诗的专书课程。

可以说，杜甫是叶嘉莹最欣赏的诗人之一。上大学时，叶嘉莹便听过恩师顾随先生这样评价杜甫："老杜诗苍苍茫茫之气，真是大地上的山水。常人读诗皆能看出其伟大的力量，而不能看出其高尚的情趣。"

在叶嘉莹看来，杜甫的伟大之处，只能从他创作的诗歌中去寻找。她说："杜甫是既生在一个可以集大成的时代，他又有集大成的才能，而且果然完成了集大成的作品，真的是了不起。"

只要谈起杜甫，叶嘉莹总是不吝溢美之词。她总是建议自己的学生，想要读懂杜甫，就必须读一读他的长诗，比如那首《哀江头》：

> 少陵野老吞声哭，春日潜行曲江曲。
> 江头宫殿锁千门，细柳新蒲为谁绿？
> 忆昔霓旌下南苑，苑中万物生颜色。
> 昭阳殿里第一人，同辇随君侍君侧。
> 辇前才人带弓箭，白马嚼啮黄金勒。
> 翻身向天仰射云，一笑正坠双飞翼。
> 明眸皓齿今何在？血污游魂归不得。
> 清渭东流剑阁深，去住彼此无消息。
> 人生有情泪沾臆，江水江花岂终极！
> 黄昏胡骑尘满城，欲往城南望城北。

公元756年，安禄山攻陷长安，杜甫离开鄜州去投奔刚刚即位的唐肃宗，不巧中途被安史叛军抓获，带到沦陷了的长安。杜甫触景伤怀，内心十分痛苦。第二年春天，杜甫逃脱，沿长安城南昔日皇家贵族、官绅士女的游览胜地曲江行走，想起当年唐玄宗与杨贵妃游曲江的情景，感慨万千，便创作了这首《哀江头》。

曾经，曲江是那样繁华热闹，如今却冷清破败，今昔对比之下，杜甫心生无限悲愁。

"少陵野老"是杜甫为自己取的号，诗的一开篇，杜甫就忍不住哭了，却不敢号啕大哭，因为整座长安城都已经被叛军占领，杜甫怕被发现，所以只能"吞声哭"。连悲伤都不能痛快宣泄，这是怎样一个悲哀的环境？就连来到昔日熟悉的曲江头，杜甫也是"潜行"的。其实，又何止是去曲江，为了不让叛军发现自己逃跑，杜甫无论去哪里都必须偷偷摸摸的。

叶嘉莹当年离开故乡时，与杜甫的境遇何其相似。杜甫尚且能"吞声哭"，叶嘉莹却连哭的机会都没有，仿佛是被命运的洪流推搡着，恍惚之间便来到了一个陌生的城市。当她醒悟过来时，哭已经再无意义。

她索性不哭，任命运残忍捉弄，咬紧牙关挺住。一个女人究竟能有多大的韧性？叶嘉莹的人生经历能给出了最佳答案。好在，最艰难的日子都已经过去了。初来台湾的那五年，是叶嘉莹连回忆起来都会感觉到痛的日子。自从在大学里任教，她的一身才华有了施展之处，似乎日子也顺心了起来。

因为有过这段艰难的人生，叶嘉莹再讲起杜甫的诗时，就比别的教师多了一层感悟。

杜甫眼前所见，是江岸的宫殿千门闭锁，江边的春柳却依然嫩绿如当年。曾经，无数达官显贵、金榜题名的士子云集于此，如今乱世之下，这些无情的草木不知在为谁吐露着春意，曾经美好的过往，如今都无处找寻了。

于是，杜甫用接下来的诗句开始感慨：人非草木，生而有情，可江水无情，依旧东流，江花无情，依旧绽放。只要叛军没有被打败，故国没有收复，每当看到江水和江花，自己便会生出无穷无尽的哀愁。

全诗的末尾一句，堪称点睛之笔："黄昏胡骑尘满城，欲往城南望城北。"此刻已是黄昏，叛军的兵马准备回城，正在街道上横行狂奔，弄得满城尘土飞扬。曾经，这座城市是那样繁华美好，如今却一切都那么糟糕，四处都是破败的景象。而正打算往城南走的杜甫，却不知不觉走到了城北。

全诗在此处戛然而止，引人无限遐思。杜甫在开篇就描写了自己触景生情的悲痛，到了结尾，反而不直言悲痛。一个人想去城南，却走到了城北，正说明他因为悲痛以致精神恍惚，走到最后才发现自己走错了方向，这正是内心悲痛至极的表现，与开篇的诗句完美呼应。

或许，是潜意识操纵杜甫走到了城北，因为唐朝的军队在北方，他盼望唐朝军队到来，对祖国和朝廷依然满怀期待。

通读杜甫的这首长诗，就仿佛清晰感受到安史之乱的过程。读一首诗，如同翻阅一部诗书，这便是杜甫的诗被称为"诗史"的原因。

叶嘉莹有时会觉得，与杜甫相比，自己是幸运的。能同时在三所大学任教，已经让叶嘉莹无比满足。她喜欢站在讲台上的感觉，喜欢师生之间相处时的愉悦气氛，学生们的尊敬与喜爱，给了她莫大的安慰。于是，她终于渐渐从漂萍一般无着无落的不安中走了出来。

在研究杜甫、讲解杜甫的过程中，叶嘉莹渐渐触及杜甫的胸怀与气度。

杜甫生活在一个诗歌成熟的时代，当时，有人反对古体诗，有人反对近体诗，杜甫则不然，他二者皆欣赏，用宽广的胸怀集诗歌之大成。

杜甫同样生活在一个大转折的时代，国家正逐步走向衰落，他经历过战乱，经历过痛苦与流离，这些经历也成就了他的诗歌。他的诗处处体现出对国家和人民的关怀，悲悯之情远远胜过寻常的诗人。

杜甫的经历与诗歌，也让叶嘉莹从苦难中窥见绿洲。叶嘉莹的经历与杜甫有许多相似之处，杜甫真挚的家国情怀，对叶嘉莹产生着莫大的鼓舞。杜甫离世前一年创作的那首《登岳阳

楼》,叶嘉莹读了无数遍:

> 昔闻洞庭水,今上岳阳楼。
> 吴楚东南坼,乾坤日夜浮。
> 亲朋无一字,老病有孤舟。
> 戎马关山北,凭轩涕泗流。

每当读到这首诗,叶嘉莹眼前仿佛便能浮现出杜甫那消瘦的身影。悲与痛,仿佛烙印在他的灵魂深处,同时被烙印下来的,还有他的家国情怀以及对百姓的关爱。

叶嘉莹闭上眼睛,似乎能看到杜甫正带着欣喜的神情,缓缓登上岳阳楼。那一刻,她与杜甫共情到了极致,不知不觉间,叶嘉莹轻声吟诵出"乾坤日夜浮",仿佛杜甫眼前的画面,正呈现在她的视野里。

浩瀚的洞庭湖水,激发了杜甫对人世间动荡不安的感情。多年战乱,道路阻隔,杜甫的很多亲朋好友都断了消息。一生处于饥寒交迫之中的杜甫,身体也很快就衰老了。

可即便如此,他最关心的依然是战争、叛乱、侵略何时平定。一想到这些,便会让他痛哭流涕。杜甫一生经历挫折困苦无数,直到临终之前,对于国家民族的关心都没有泯灭,这便是杜甫的伟大之处。

第五章
初心在归处

1. 阳光掺杂了孤独

　　那是一段可以舒服地做自己的岁月，难得的平静之中，可以找寻到生命的意义。在台湾任教期间，戴君仁先生多次亲自为叶嘉莹排课，还将自己在台湾大学代教的诗选课也让给了她。这样一来，不仅减轻了叶嘉莹的课业负担，还有利于提升她的专业水平。

　　叶嘉莹感谢许世瑛和戴君仁两位先生的知遇之恩，便将自己的所有能量都投入国文教学工作当中。她除了在大学里教授国文，还在广播电台里担任大学国文课老师。后来，台湾成立了教育电视台，叶嘉莹又受邀担任电视台的古诗教学工作。

　　在课堂上讲课的乐趣以及与学生相处的欢喜，给了叶嘉莹莫大的安慰，让她到台湾以来的悲观与孤绝的心境慢慢得到舒缓。

1961年,叶嘉莹在台北写了一首诗:

海云

眼底青山迥出群,天边白浪雪纷纷。

何当了却人间事,从此余生伴海云。

所有美好的梦想与回忆,正在被慢慢捡拾,叶嘉莹要把所有苦难收入行囊,再与海云为伴,追寻自己的旧梦与理想。

那段时间,她的教学负担极为繁重,晚上时常累得哮喘病发作,胸部隐隐作痛,好像肺部的血气和精力已全部耗尽,每呼吸一下,肺部都有一种被掏空的隐痛。

每个星期,叶嘉莹都要担任六门课的教学工作,她放在家务上的时间和精力便减少了,为此常常心怀愧疚。对于丈夫加在她身上的咆哮和欺凌,叶嘉莹全部默默承受。这不仅因为她接受过旧时提倡妇女以容忍为美德的教育,更因为她实在没有多余的精力与丈夫做任何争论。对待每一项工作,叶嘉莹都拼尽了全力,只为不辜负两位先生的提携之情。

在那样的生活里,叶嘉莹时常想起静安先生用东坡韵杨花的《水龙吟》词的头两句:"开时不与人看,如何一霎濛濛坠。"她几乎以为自己也如同杨花一般,不曾开过便凋零了,可是,性格中强韧的一面提醒着她,人的意志可以承受许多苦难,不能轻易倒下,更不能接受别人的怜悯与同情。

于是,叶嘉莹从不对外人倾诉自己的不幸,别人眼中的她,永远是一副温和平静的模样,可她的内心,早已日渐孤寒。

1964年,叶嘉莹写了一首诗:

读义山诗

信有姮娥偏耐冷,休从宋玉觅微辞。

千年沧海遗珠泪,未许人笺锦瑟诗。

身处高寒者,必然孤寂,就如同月宫中的嫦娥,还如同此时的叶嘉莹。她已经完全能体会到李义山寂寞的心境,并将诗句中那深广如海的寂寞细细咀嚼,渐渐走出虚度韶华的悲哀,迈入高寒耐冷的境地。

十几年的漂泊岁月,已经让叶嘉莹适应了不断变化的人生。当赴美机会摆在眼前,她根本不需要过多纠结,怀揣着故梦,义无反顾地奔赴异乡。

那是1966年,叶嘉莹的命运再一次迎来转折。在当时的台湾,叶嘉莹几乎包揽了大部分国文教育工作,于是,一些外国学者渐渐听说了叶嘉莹的大名。在那段时间里,台湾大学与密歇根州立大学有一项交换教师计划,叶嘉莹便顺理成章地获得了这个交换机会。

最初得知这一喜讯的时候,叶嘉莹受宠若惊,甚至有些惊慌，她下意识地想要听听丈夫的意见。丈夫虽同意她去美国，却要她把两个女儿一并带去。叶嘉莹同意了，她毕竟是个成长在传统家庭的女性，丈夫的话她总是会听，况且，她也真的不放心把两个女儿交给丈夫照顾。

按照惯例，在去美国之前，叶嘉莹需要接受一次例行谈话。那一次前来主持面谈的，是美国汉学家海陶玮先生，当时他正在哈佛大学担任东亚系主任。他与叶嘉莹一见如故，在叶嘉莹此后的人生中，海陶玮先生也起到了重要的影响。

海陶玮佩服叶嘉莹的学识，尤其是她对中国古典诗词的理解与研究。他甚至邀请叶嘉莹趁着暑假期间去哈佛大学任教。于是，1966年暑假，叶嘉莹便带着两个女儿来到了哈佛大学，那个让她的诗词梦放飞的地方。

那个暑假，叶嘉莹大部分时间都与海陶玮先生合作研究陶渊明的诗与吴文英的词。海陶玮先生对叶嘉莹帮助极大，尤其是帮她练就了一口流利的英文，还亲自帮叶嘉莹将论文翻译成英文，发表在《哈佛大学学报》上。

来美国之前，为了过语言关，叶嘉莹特地恶补了一些英文，还将《英语900句》全部背诵了下来。然而，到了美国之后，尤其是与海陶玮先生一同研究诗词之后，叶嘉莹才发现，自己之前学习的英语大多是日常用语，至于像"五言律诗""七言绝句"这样的文学术语，似乎任何一本关于英语语言教学的书里都不曾提及。

于是，海陶玮先生就成了叶嘉莹的"专属"英文教师，在帮助叶嘉莹从西方语言学的角度来分析中国诗词方面，海陶玮先生起到了至关重要的作用。

与海陶玮先生共事的那段日子，是叶嘉莹人生中最美好的回忆。虽然他们之间这一次的合作只持续了短短两个月，但海陶玮先生对叶嘉莹产生了极大的影响。1966年冬天，在海陶玮先生的推荐下，叶嘉莹出席了在百慕大举办的关于中国古典文学的高级学者研究会。那是叶嘉莹第一次参加北美的学术活动，她提交的论文，正是海陶玮先生帮她翻译的那篇《论吴文英词》。

暑假结束之后，叶嘉莹按照合约前往密歇根州立大学任教。在密歇根州立大学教书期间最大的好处，就是叶嘉莹在授课之余，还有一些业余时间可以做自己喜欢的事情。比如，她旁听了两门课程，一门是西方文艺理论，另一门是英文诗。

因为有着美丽的东方面孔，叶嘉莹坐在学生堆儿里总是最显眼的一个。一次，讲英文诗的老师问叶嘉莹："中国人读诗是否也有朗读和吟诵？"叶嘉莹回答："是的，中国诗是有朗读和吟诵。"之后，她又当着全班师生的面，吟诵了一首中国古诗。在吟诗的过程中，一种民族自豪感流淌在叶嘉莹的血脉里，那是五千多年文化的积淀，只有伟大的民族才能凝聚出如此伟大的诗篇。

她吟诗时的真情流露，打动了在场的每一个人。尤其是讲英文诗的老师，听罢叶嘉莹的吟诵，强烈要求她给班上的同学做一次有关中国诗诵读的演讲。

叶嘉莹欣然应允，那一次演讲，她全程讲英文。演讲结束之后，自然是满堂喝彩。叶嘉莹在心底默默感谢海陶玮先生，正是因为之前与他共事了两个月，叶嘉莹的英语口语才能如此流利，还学会了如何用西方语言来分析中国古诗。

叶嘉莹与密歇根州立大学的交换讲师合同只有一年，合同期满之后，密歇根州立大学主动提出延期两年的邀约，可叶嘉莹毫不犹豫地谢绝了。她更怀念与海陶玮先生一起在哈佛大学共事的日子，也同样怀念哈佛大学那座藏书丰富的图书馆。

1967年暑假，叶嘉莹与密歇根州立大学的交换讲师合同一结束，她便迫不及待地带着女儿来到哈佛大学。她时常在图书馆里一待就是一天，图书馆下午五点钟关门，却唯独允许她独自一人在里面看书到很晚。

两个女儿在妈妈的影响下，学习成绩一直都很优异。大女儿以优秀的成绩考上了密歇根州立大学，小女儿也已经上了高中。她们都已经到了可以照顾自己的年龄，叶嘉莹终于可以将全部心思都投入诗词研究当中了。

在哈佛大学，叶嘉莹与海陶玮先生共同开了一门中国诗词课。除此之外，叶嘉莹又开始了一个名为"对常州词派比兴寄托之说的新检讨"的课题研究。

大部分时间里，叶嘉莹沉溺于课题研究当中，只是偶尔思

绪从诗词中抽离的时候,对故国的思念又会闯入脑海:

鹧鸪天

寒入新霜夜夜华,艳添秋树作春花。眼前节物如相识,梦里相关路正赊。

从去国,倍思家,归耕何地植桑麻。廿年我已飘零惯,如此生涯未有涯。

自从来到美国,叶嘉莹离故乡更加遥远了。受陶渊明诗词的影响,叶嘉莹一直有着中国传统士人的"仕隐"情结。她希望将外在的事业完成之后,可以像陶渊明那样实现身心的归隐。可是,属于她的故乡,此时根本没有容许她"归耕"的可能。

人生最美的风景在于心境,笑看花开花谢,静观云卷云舒,那是得失之后的平和、悲欢之后的淡然、顺逆之后的淡定。

叶嘉莹在哈佛大学的办公室外,有着极美的风景。一棵高大的枫树矗立在办公室的窗口,随着天气与时节的更替,变幻着不同的光影。夏季时,它贡献出一片浓密的树荫;秋季时,便渲染出一幅红黄相间的画面;到了冬季,白雪积满枝干,宛若墨色勾勒出的东方韵味。

身处美景中,研究美丽的诗词,常常让叶嘉莹忘记了时间,甚至忘记了饥饿。或许是因为诗词足够填饱精神,于是,叶嘉莹的一日三餐总是简单得不能再简单。早晨吃两片面包,就足以支撑她讲完一上午的课，中餐和晚餐各用一个三明治，省下来的时间，全部用来在图书馆里看书。

当办公室窗外的枫树再次迎来枝繁叶茂的时节，叶嘉莹在哈佛大学的一年聘期也结束了。海陶玮先生再三挽留，叶嘉莹还是婉拒了。台湾还有她放不下的工作和家人，她希望自己能将一切安顿好，再考虑重返哈佛大学。

临行之前，叶嘉莹将自己创作的三首诗送给海陶玮先生，表达自己对海陶玮先生以及哈佛大学的眷恋：

一九六八年秋留别哈佛三首

其一

又到人间落叶时，飘飘行色我何之。
日归枉自悲乡远，命驾真当泣路歧。
早是神州非故土，更留弱女向天涯。
浮生可叹浮家客，却羡浮槎有定期。

其二

天北天南有断鸿，几年常在别离中。
已看林叶经霜老，却怪残阳似血红。
一任韶华随逝水，空余生事付雕虫。
将行渐近登高节，惆怅征蓬九月风。

其三

临分珍重主人心，酒美无多细细斟。

案上好书能忘暑，窗前嘉树任移阴。

吝情忽共伤留去，论学曾同辨古今。

试写长谣抒别意，云天东望海沉沉。

当历经岁月沉淀之后拥有一份坦然与宁静，心中的美景便自动幻化成诗句。叶嘉莹曾说："我写的诗常常是自己跑出来的。"或许说的便是这个道理。

在哈佛大学教书的岁月里，叶嘉莹每天上下班都要经过一大片草坪。每次走在松软的草坪上，她都能感受到一种轻松和惬意，直到离开哈佛大学之前，看到草坪上到处散落着秋日的落叶，她忽然觉得，自己就仿佛四处飘零的落叶一般，不知道该走到哪里去。

叶嘉莹是被时代伤害的人，像许多漂泊到海外的人一样，是在文化上被流放的一代。在政治的离乱中，她失去了故土；在精神的流放中，祖国的文化又难以被认同。这是一种无法形容的孤独感，于是，乡愁成了一缕残梦，只存在于回忆之中。

2. 霜红处亦有初心

突如其来的迷惘，模糊了本就不清晰的未知。当眼前堆积起驱不散的迷雾，是否真的会有神明给予指引？

1969年，叶嘉莹再一次收到了哈佛大学寄来的聘书。她再也不愿与家人分隔两地，便决定带着父亲一同前往美国。

然而，在办理签证时，叶嘉莹却被判定有移民倾向，不仅父亲不能去美国，就连她自己的签证也被取消了。

当海陶玮先生得知叶嘉莹的签证被拒绝了，便为她出了一个主意。他建议叶嘉莹先申请前往加拿大的签证，之后再从加拿大进入美国，这样或许可以容易一些。可惜，叶嘉莹到了加拿大温哥华，便滞留在了那里。

因为牵扯到大使馆和移民局的各种制度，叶嘉莹想要从加拿大去往美国依然麻烦重重,并且,每一个困难都不是叶嘉莹一个人能解决的。一想到自己目前的境遇,叶嘉莹便忧心如焚,当情绪濒临崩溃的边缘,她便一个人躲在海边失声痛哭。

哭泣的确可以宣泄心中的愤懑,当心绪稍稍平静下来,叶嘉莹忽然想起自己临行前从一位大师那里得到的两句预言:"时地未明时,佳人水边哭。"

当时在台湾,一切仿佛都陷入不顺遂的怪圈。叶嘉莹的丈夫和两个女儿都在美国,如果她和父亲的签证通不过,她简直不敢想象接下来的日子该怎么过。浑浑噩噩之中,叶嘉莹竟然想到了算命。同事为她引荐了一位"大师",叶嘉莹便去登门拜访了。

叶嘉莹之前从未算过命,也从不相信有人能预知命运。可是,当处于极度迷茫之下,她也希望有人能给自己一些指引。

大师问了叶嘉莹的生辰八字,又将许多字写在一个红色封面的本子上,其中就有叶嘉莹记得的那两句判词。当时看到这两句话,叶嘉莹还是一头雾水,直到在温哥华的海边痛哭了几次之后,叶嘉莹才发现,那两句判词竟然成真了。

得知叶嘉莹滞留在温哥华,海陶玮先生立刻与自己的好朋友——在不列颠哥伦比亚大学亚洲系担任主任的蒲立本先生取得联系,为叶嘉莹提供一个工作机会。就这样,叶嘉莹终于在温哥华找到了暂时的容身之所。

在不列颠哥伦比亚大学,叶嘉莹除了教两位博士生古典诗词之外，还要教一班选修的中国古典文学课。不过，她需要用英语教学，这是对叶嘉莹英语口语的一次挑战。

之前在密歇根州立大学，叶嘉莹都是用中文授课，她要求前来听课的学生必须能听懂中文。而在温哥华，她失去了这一主动权，为了生存，只能硬着头皮答应。

一直以来，叶嘉莹是家里家外的顶梁柱，如今孤身在温哥华，她最忧心的就是一家人分散各地，所以无论多难，她都要想办法把一家人聚到一处。

为了让一家人在温哥华能有一处容身之地，叶嘉莹每天盯着报纸上的租房广告，寻找合适的房子。她在经济上并不宽裕，只能看一些租金低廉的房子。可是，如果住的地方离学校太远，上班又不方便。光是找房子这件事，就让叶嘉莹花费了不少的时间与精力。

好不容易租到房子之后，叶嘉莹还要添置一些基本的生活用品。可是，她的收入有限，交了房租之后，钱所剩无几，只能买一些旧物勉强着用。

在温哥华，叶嘉莹人生地不熟，为了找二手市场，她常常要查许久地图，再转乘几趟公交车，四处奔走。就这样，叶嘉莹好不容易在温哥华支起一个"家"，这才开始想办法把一家人接过来。

她先是把大女儿从密歇根州立大学转学到不列颠哥伦比亚大学，又想方设法筹集学费，把小女儿转到温哥华的一所私立高中，因为温哥华的公立高中不收外国学生。

把丈夫接来温哥华，让叶嘉莹费了好一番功夫。按照加拿大法律，即便他们是合法夫妻，丈夫也没有资格一同过来。叶嘉莹只好去求系主任，为丈夫申请到一个助理研究员的名头，这才把丈夫接过来。不久之后，叶嘉莹又想办法把父亲从台湾接到温哥华，几番辗转，一家人才终于得以团聚。

身为女子，叶嘉莹几乎独立撑起了整个家庭，然而，她的丈夫却并不知足。或许，正因为叶嘉莹的坚强，触及了丈夫那脆弱的虚荣心，于是，他挽回颜面的方式，就是用更加恶劣的方式对待自己的妻子。叶嘉莹越是隐忍，丈夫越是不知收敛，似乎只有对妻子拳脚相加，才能显示他作为丈夫的权威。

那时的叶嘉莹几乎是心力交瘁的，不列颠哥伦比亚大学没有与她签订长期合同，无论叶嘉莹每天多么努力地用英语备课，都时刻担心合约期满后会失去这份工作。而她的大男子主义丈夫，根本不可能帮助她分担家庭的重担，反而还要时不时无理取闹一番，仿佛是在以这样的方式彰显自己的存在。

一次，叶嘉莹与丈夫商量好一起去看家具，可到了半路，丈夫忽然就不肯去了，执意要下车。因为担心丈夫初来温哥华不熟悉路，叶嘉莹只能陪着他一起下车，送他回家。到最后，叶嘉莹既没有看成家具，也没有弄明白丈夫莫名其妙不高兴的原因。

像这样的状况简直举不胜举，叶嘉莹实在摸不清丈夫古怪

的脾气,又无处倾诉心中的苦,只能将一腔心事写成诗句:

异国

异国霜红又满枝,飘零今更甚年时。

初心已负原难白,独木危倾强自支。

忍吏为家甘受辱,寄人非故剩堪悲。

行前一卜言真验,留向天涯哭水湄。

红色,是加拿大秋天的颜色。那里遍地枫树,到了秋天,红叶挂满枝头,但在叶嘉莹看来却毫无喜庆之感。因为每当看到这些红叶,叶嘉莹的飘零之感都会更深一层。加拿大并不是她计划中的目的地,她最想去的还是哈佛大学。只有在那里,她才能专注于自己热爱的国学事业,在那里任教的收入,也足够支撑两个女儿在国外的学费。

严格说来,去美国也并非叶嘉莹的初心。她最想去的地方,是她熟悉的北京。可是命运总是阴差阳错,她不仅没能回到北京,反而越走越远。

更让叶嘉莹难过的是,这个家还需要她来独自支撑,她却不知自己还能支撑多久。加拿大是异国他乡,即使她在这里找到了供一家人居住的房子,却还是觉得生活在这人生地不熟的地方,有一种寄人篱下之感。

好在,海陶玮先生一直与叶嘉莹保持着联系。即使叶嘉莹接受了不列颠哥伦比亚大学的聘书，她还会在暑假期间继续与海陶玮先生合作研究。

他们合作研究的主要方向，是关于对诗歌的批评，以及用英语在一定水准上对中国诗进行翻译，让中国诗更加吸引英语读者。

诗词翻译最重要的是意境，有了意境，才能体会到美感。然而，中西方语言本身就存在巨大差异，想要翻译诗词的意思很容易，翻译出意境却很难。

初来温哥华的很长一段时间里，叶嘉莹都能感受到用英文与西方人交流中国古诗词的别扭之处。有时候，哪怕一个单词用得不恰当，整首诗词的意境也会荡然无存。

即使艰难，叶嘉莹也不得不咬牙坚持下去，因为环境所迫，她不得不羁留于此。没人能懂她不得不用英文教授中国古诗词的无奈与孤寂，只有诗词能表达出她的心情：

鹏飞

鹏飞谁与话云程，失所今悲蔺地行。

北海南溟俱往事，一枝聊此托余生。

一直以来，叶嘉莹的授课风格都受顾随先生影响，想到哪里便说到哪里，可发挥的内容极多。然而，在哥伦比亚大学授课，却处处都让叶嘉莹感觉到束缚。英语毕竟不是她的母语，有时在课堂上，她必须时时谨慎不要将英文说错，以免对学生造成误导。如此一来，她根本没有额外的发挥空间，更何况，因为文化之间的差异，即便她发挥得再多，学生们也很难听懂。

这不禁让叶嘉莹怀念起在北京和台湾的教书生涯。那时候，她可以用母语讲中国人自己的古诗词，她的思绪也可以自由自在地飞扬，那种成就感，就像大鹏在天空中展翅飞翔一般快乐。

可如今呢，那种自由自在讲诗的快乐已经荡然无存。在这个陌生的国度，她甚至无处倾诉自己内心的苦闷。叶嘉莹此刻的感受，就像鸟儿失去了翅膀，只能在地上艰难地爬行。

北京与台湾的教书岁月，已经变得那样遥远。叶嘉莹记得，自己曾在《庄子》中看到"鹪鹩一枝"这句话，鹪鹩是一种极小的鸟，只需要在一枝芦苇上做窝便能容身。叶嘉莹觉得，自己再也不是翱翔于天际的大鹏鸟，只是一只鹪鹩那样的小鸟，而温哥华便是那枝芦苇，她在这里搭建了临时的巢穴，或许，自己的余生也只能在这临时的巢穴中度过了。

不过，叶嘉莹只是用这首《鹏飞》抒发内心的苦闷，却绝非抱怨。她的人生，无论多艰难，都从没有一刻放弃过努力。即便在四十五岁的年纪才开始用英文讲授中国古诗词，叶嘉莹依然没有忘记初心，不曾萌生退意。

3. 万水千山走遍

　　为了更好地胜任这份工作，叶嘉莹把讲课之外的时间全部用来备课。她的手边随时放着一本英文词典，只要遇到生词，或是叫不准的字眼儿，便及时查阅。

　　每天晚上，叶嘉莹都要备课到深夜。第二天一早，还要准时出现在讲台上。命运不会辜负每一个努力的人，叶嘉莹的课，渐渐受到学生的欢迎。

　　在不列颠哥伦比亚大学上班时，叶嘉莹总是穿着一件朴素的旗袍，提着一个书袋子，她的装扮已经成为校园中一道亮丽的风景。她在课堂上总是旁征博引，为学生们讲述一个又一个中国典故，哪怕是一首看起来极其简单的古诗，叶嘉莹也能深入浅出地引申出许多层意义。

这种由点到线，再由线到面的授课方式，吸引了许多慕名而来的听众，其中不乏来自中国香港、台湾的知识分子，以及许多对中国古典诗词有浓厚兴趣的人士。

叶嘉莹讲授的这门课程，在她到来之前，只有十几名学生选修。在叶嘉莹到来之后，听课的学生竟多达六七十人，有时甚至超过百人。叶嘉莹的课堂，渐渐出现了一种奇特的景观：听课者既有年轻的学生，也有白发苍苍的老者，还有一些衣冠楚楚的中年人。老中青三代人，全都专注地聆听着叶嘉莹的讲解，被叶嘉莹带入一个美妙的诗词世界。

有时，叶嘉莹也会在办公室里进行小班授课，学生只有几个人，这时叶嘉莹索性不用黑板，就坐在办公椅上给学生讲课。老师和学生之间的距离很近，这样的授课方式让学生很有亲切感。不过，叶嘉莹对学术向来严谨，对研究生的要求也十分严格。她总是教导学生，做学问要真诚，要说自己的话。

从叶嘉莹的课堂上，那些西方学生可以感受到东方诗词的魅力，就连叶嘉莹本人，也成为他们心中最具魅力的女老师。

偶有闲暇时，叶嘉莹还会请学生来自己家里包饺子。她的家就在学校附近，与律师陶永强夫妇和崖州图书馆中文部主任谢琰夫妇是邻居，他们都来听过叶嘉莹的课，也算得上她的"学生"。他们因诗词而结缘，结下了深厚的友谊，每年五月，叶嘉莹还会跟邻居们一起外出郊游。

事实证明，所谓的好运，都是由自己亲手创造的。叶嘉莹任教过的每一所学校都能看到她的努力,都希望与她签订长期合约。叶嘉莹在不列颠哥伦比亚大学任教不到半年,便收到了不列颠哥伦比亚大学的终身聘书。在此之前,只有获得博士学位的教师才有机会收到不列颠哥伦比亚大学的终身聘书。在整个北美地区,像这样没有博士学位也能获得终身聘任资格的,叶嘉莹是头一位。

虽然叶嘉莹最向往的校园依然是哈佛大学,但为了生存,她还是选择留在美丽的温哥华。或许,一切都是最好的安排,有时候,顺着命运安排好的路前行,也能触碰到幸运。

杨柳春烟、飞霞满天、落雪压弯了红梅、锦瑟里有诗意在柔曼。这一切,都是反复出现在梦里的风景,梦境里有对故乡的思念。

唯一能与叶嘉莹聊一聊故乡的人,便是父亲。1971年,叶嘉莹的父亲在温哥华离世,叶嘉莹无比悲痛。她不仅悲痛自己失去了生命中最重要的一位亲人,更悲痛自己从此以后只能将对故乡的思念深埋在心底,再无人可以倾诉。

此时,距离叶嘉莹离开故都北京已有二十四年之久,她不知道自己哪一日才能回去。对故乡的思念,时时闪现在梦里,已成她心头的伤痕。

她只知道,家乡的故居尚在,可是亲朋故友们早已在岁月的流逝中零落无存。重返故都的希望,也如风中残絮,飘摇难寻了。

叶嘉莹不禁回想起曾经写的诗句:"飘飘行色我何之""归去何方有故庐""未甘心事剩浮槎""余生何地惜余阴"……这些诗句,其实是叶嘉莹常常问自己的问题。如今,父亲也不在了,叶嘉莹忽然心生感叹:难道,自己的人生,从此也再无来处了吗?

父殁

老父天涯殁,余生海外悬。
更无根可托,空有泪如泉。
昆弟今虽在,乡书远莫传。
植碑芳草碧,何日是归年。

这是叶嘉莹为父亲写的挽诗。从小,父亲便把她当成小公主来疼爱,那时,大多数女孩子还穿着旧式的衣裳,叶嘉莹却已经穿上了父亲为她买来的带着荷叶边的蓬蓬裙。那是童话里的公主穿的衣服,父亲早早便把童话的种子埋进了女儿的心里,希望她的一生都如童话般浪漫。

欧洲是童话诞生的地方,在父亲离世后的那个暑假,叶嘉莹决定带着对父亲的思念,独自游历欧洲。

她记得小时候,父亲为她订阅的儿童杂志里,有许多西方名胜的图片。最让叶嘉莹记忆深刻的,是庞贝古城的图片,那里的市政广场、神庙、公共浴场、体育馆、剧场,每一处景致都让叶嘉莹迷恋不已,也让她不止一次幻想,有朝一日一定要到那里去看一看。

是父亲的离世,让她下定了畅游欧洲的决心。人生本应该就是一场旅行,何必将自己困于原地,挣扎在一成不变的生活里。

叶嘉莹在欧洲有许多学生和朋友,这一次欧洲之行,不只是一次旅行,也是一场酣畅淋漓的拜访交流。

那是叶嘉莹第一次感受到惬意的滋味,从出发的那一刻起,她无须思考如何用英文备课,无须思考怎样照顾家庭,更无须思考如何与个性乖戾的丈夫相处。她需要在意的,只有自己的感受。每到一处,她都沉浸在与旧友重逢的喜悦里,陶醉在与好友畅谈诗词的快乐中。

法国学者侯思孟(Donald Holzman)教授曾经在台湾大学听叶嘉莹讲课,他曾告诉叶嘉莹,自己最喜欢阮籍,并且一直酝酿着写一本关于阮籍的书。叶嘉莹来法国之后,首先拜访了侯思孟,侯思孟也成为叶嘉莹在法国的向导。他带着叶嘉莹参观卢浮宫、歌剧院、美术馆,到了晚上,侯思孟夫妇便会准备好美酒,热情款待叶嘉莹。

侯思孟曾开玩笑说,自己以后可能要借着叶嘉莹来传名了,否则中国人根本不会知道他的名字。

这次来法国,叶嘉莹在侯思孟家逗留了七日。侯思孟的家曾经是个修女院,里面有一处果木花园,景色极美。每天晚上,他们一边品尝着葡萄酒,一边讨论阮籍的咏怀诗,这样美好的时刻,仿佛让叶嘉莹半生的辛劳都得以舒缓。

后来,叶嘉莹根据自己这次欧洲之游的经历创作了一组诗,其中一首记述的便是自己拜访侯思孟的经历:

欧游纪事八律作于途中火车上
其一
匆匆七日小居停,东道殷勤感盛情。
尼院为家林荫广,王朝如梦寺基平。
举杯频劝葡萄酿,把卷深谈阮步兵。
我是穷途劳倦客,偶从游旅慰浮生。

这组诗的第二首,记录的是叶嘉莹游览凡尔赛宫的经历:

欧游纪事八律作于途中火车上
其二
繁华容易逐春空,今古东西本自同。
路易斯王前狩苑,拿破仑帝旧雄风。
惟瞻殿饰余金碧,剩见喷泉弄彩虹。
欲问丰功向何处,一尊雕像夕阳中。

是啊,名胜古迹不仅是供后人瞻仰凭吊的地方,也会令人唏嘘伤感。曾经的万千繁华、丰功伟绩，历经千百年风尘洗礼，最终留下的，不过是一处宫殿，或是一尊雕像而已。

叶嘉莹在法国有许多旧相识，她本打算一一拜访，不承想，竟然与昔日租住在叶家老宅的租客盛先生偶遇。盛先生租住在叶家时，叶嘉莹还是个小学生，转眼几十年过去，两人竟然在异国他乡不期而遇，叶嘉莹便将这奇妙的缘分记录在诗句里：

欧游纪事八律作于途中火车上

其三

何期四世聚天涯，高会梅林感复嗟。
廿载师生情未改，七旬父执鬓微华。
相逢各话前尘远，离别还悲后会赊。
赠我新诗怀往事，故都察院旧儿家。

叶嘉莹欧洲之旅的下一站是德国西部小城波鸿。这是一座丘陵城市，位于鲁尔河与埃姆施河中间，是一座风景优美、极具特色的小城，叶嘉莹在笃志小学时的学姐张禄泽便住在那里。一别四十年，她们都不再是当年那两个满脸稚气的女童，但只要聊起往事，她们仿佛又穿越回童年，回到熟悉的北京。那里有可口的家乡菜，还有屋檐下筑巢的燕子，永远停留在回忆里。

往事如水，随年华逝去。如今，她们都离开了故乡，一个住在加拿大，一个住在德国，都是客居异乡，多少沧桑，一言难尽。半生光阴,转瞬间便过去了,当张禄泽把小孙儿叫到面前见客人时,叶嘉莹才终于意识到,当年的两个小姑娘,已经到了当祖母的年纪了:

> 欧游纪事八律作于途中火车上
> 其四
> 稚梦难寻四十年,相逢海外亦奇缘。
> 因聆旧话思童侣,更味乡厨忆古燕。
> 往事真如春水逝,客身同是异邦悬。
> 沧桑多少言难尽,会见孙儿到膝前。

波鸿有许多博物馆、剧院,还有天文馆,叶嘉莹很幸运遇到了一位向导,带着她游览了许多地方。

这位向导名叫霍福民(Alfred Hoffmann),是波鸿大学的一名教授。叶嘉莹是在张禄泽家中结识霍福民教授的,他非常热心地开车带叶嘉莹游览当地的名胜,很喜欢与叶嘉莹一起谈论绘画和诗歌。

叶嘉莹眼中的霍福民教授,过的是书卷里的生活。他是一名学者,却对建筑颇有研究。在为叶嘉莹做向导的时候,霍福民教授会为她讲解沿途的欧洲建筑,就连建筑上的壁画都讲得头头是道。他还会弹一种古老的琴,一次,叶嘉莹受邀去霍福民教授家吃晚餐,霍福民教授便亲自用古琴弹奏了一曲。那是欧洲韵味的曲调,仿佛穿越了古老的时光,让叶嘉莹聆听到旧时的欧洲。

与霍福民教授相处的时光令人难忘,因此,叶嘉莹还特地用一首诗来纪念这段日子:

欧游纪事八律作于途中火车上

其五

论绘谈诗博奥殚,驱车终日看山峦。

雨中湖水迷千里,地底钟岩幻百观。

生事羡君书卷里,村居示我画图间。

主人款客多风雅,一曲鸣琴着意弹。

叶嘉莹欧洲之旅是一段充实的旅行,令她心心念念的意大利庞贝古城也是其中一站。这里没有她的亲朋好友,为了方便游览,叶嘉莹参加了一个旅游团。导游先是带着游客游览了罗马,这座古老的城市,还残留着古老的断壁颓垣;而接下来游览的庞贝古城,则更加充斥着一种残破之美。叶嘉莹也用诗句记录下这两座古城:

欧游纪事八律作于途中火车上

其六

颓垣如雪自殷红,罗马王城落照中。

一片奔车尘漠漠,数行断柱影憧憧。
千年古史殷谁鉴,百世文明变未穷。
处处钟声僧院老,耶稣十架竟何功。

其七
偶来庞贝故城墟,里巷依稀残灯余。
几蠹断楹前代寺,半椽空宇昔人居。
惊看体骨都成石,纵有瓶缶储亦虚。
一霎劫灾人世改,徒令千载客唏嘘。

从加拿大出发去往欧洲,叶嘉莹越走越远,当走到此次旅行的最后一站瑞士,她忽然发现,自己对故乡北京的思念,竟然越发强烈:

欧游纪事八律作于途中火车上
其八
行行欧旅近终途,瑞士湖山入画图。
蓝梦波光经雨后,绿森峦霭弄晴初。
早知客寄非长策,归去何方有故庐。
独上游船泛烟水,坐看鸥影起菰蒲。

行遍万水千山,真正能称之为"家"的地方却只有一处。"每依北斗望京华",每次讲到杜甫的这句诗,叶嘉莹总是难免哽咽。北京,是她日夜都在遥望、思念的故乡,也是她从未打算离开的地方。可惜,世事弄人,她竟离开北京这么远、这么久,只不过,无论走得多远、多久,她的乡音从不曾改变,对祖国的依恋更是越发深沉。

4. 向往事寄一缕乡愁

用汉语讲授中国古诗词,是叶嘉莹多年来的梦想。唯有汉语,才能将古诗词的意境展现得淋漓尽致,为此,她许多次暗下决心,一定要在有生之年返回故土,用世界上最美的语言,吟诵世界上最美的词章。

在加拿大,叶嘉莹时常与学生和好友提起自己早年在北京的生活。她始终心怀故乡,所有与中国有关的新闻和书刊她都留心阅读。有时,她还会邀请学生来家里看中国电影,每次聚会,大家谈论最多的也是中国。

当得知加拿大与中国正式建交的消息,叶嘉莹哭了。那是喜悦的泪,远离故土二十余载,叶嘉莹终于看到了希望的曙光。位于察院胡同的老宅,无数次出现在叶嘉莹的梦里,这一夜,她又梦见自己回到了那个熟悉的地方，从梦中醒来之后，她立刻给远在家乡的弟弟写了一封信。她在信封上郑重地写下那个熟悉的地址，这一场景，她足足期盼了二十余年。

时隔二十余年，叶嘉莹终于再一次收到了弟弟的回信。从那一刻起，她的心便飞回了祖国。只不过，虽然加拿大与中国正式建交，但是想要回到中国，叶嘉莹还要经历繁复的申请手续。当手续终于办好，时间已经又过去了两年。

1974年，叶嘉莹终于获得了回国探亲的资格。那是一次辗转的旅程，叶嘉莹先是从温哥华飞抵中国香港，又从中国香港进入广州，再从广州飞回北京。旅途虽漫长，叶嘉莹却丝毫不觉得疲累，当她坐在飞机上遥望北京的灯火，泪水早已打湿了脸庞。

"卅年离家几万里，思乡情在无时已。一朝天外赋归来，眼流涕泪心狂喜。"这是叶嘉莹在《祖国行》开篇写下的句子，这是一首两千七百多字的长诗，每一个字都承载着她无尽的思乡之情。

在他乡流浪了二十多年的游子，终于踏上了故乡的土地。这一次回乡之旅，叶嘉莹虽终于重温骨肉亲情，却也并非没有遗憾。

多年来，叶嘉莹最思念的人就是伯父叶廷义与恩师顾随先生。可惜，这两位老者早已去世，这是叶嘉莹一生的遗憾，他们亲切的面庞，只能永远刻在她的记忆里。

叶嘉莹的另一个遗憾，便是察院胡同23号早已不再是当年书香庭院的模样。那里变成了一个大杂院，大门上方的"进士第"匾额已经不见了，门旁的石狮子也不知何时被砸毁掉，内园的墙被拆掉了，垂花门也不见踪影，原本用方砖铺成的地面，因为挖防空洞而变得砖土相杂、高低不平。

这个曾经熟悉的家，已经变成了一个陌生的地方。叶嘉莹轻轻闭上眼睛，只有这样，旧日熟悉的场景才能浮现。那时的家，有电话，有许多书，还有母亲的照片，照片前面还放着父亲亲笔写下的悼念母亲的一组诗。当叶嘉莹再次睁开双眼，这些全部消失不见，只剩一座房子，满满当当，却又空空荡荡。所以，叶嘉莹在《祖国行长歌》中，写下了这样的诗句：

> 西单西去吾家在，门巷依稀犹未改，
> 空悲岁月逝骎骎，半世蓬飘向江海。
> 入门坐我旧时床，骨肉重聚灯烛光；
> 莫疑此景还如梦，今夕真知返故乡。

纵有失落，然而重返故土的机会实在难得，这一次回国，叶嘉莹"贪婪"地想要走遍祖国的每一寸土地。在北京住了一段时日之后，叶嘉莹再次启程，游览祖国的大好河山。她先后去过大寨、南泥湾、延安、西安、桂林等地，祖国的每一处风光都是那样美好、那样让人依恋。

这是一种失而复得的留恋，中国悠久的历史、丰厚的文化，让叶嘉莹恋恋不舍。就连北方的风沙都弥漫着浪漫的气息，那是叶嘉莹在国外从不曾感受到的亲切，国外的风景再美，也从未让叶嘉莹找到归属感。

可惜，因为某些特殊的原因，叶嘉莹不得不返回温哥华。但是，这一次归国之旅，让叶嘉莹更加坚定，自己就应该归属于祖国广袤的土地。

她恋恋不舍地踏上了返程的飞机，期待着早日与祖国重逢。然而，回到温哥华后不久，一场巨大的人生变故，险些将叶嘉莹击垮。

1976年春天，叶嘉莹即将出席一场亚洲学会。那一天，大女儿言言夫妇一同送叶嘉莹去机场，在返回的路上，两人不幸遭遇车祸，双双身亡。

中年丧女，几乎啃噬掉叶嘉莹最后的坚强。她强撑着精神，为大女儿夫妇安排好后事，之后，便一连几天将自己锁在房间里。没有人见过叶嘉莹痛哭的样子，但可以想象，她把自己锁起来的这几天，一定是任由眼泪流淌，只有这样，才不至于让自己被悲痛压垮。

在闭门不出的日子里，叶嘉莹写下了十首《哭女诗》。大女儿从出生，到牙牙学语、学会走路，再到上学、工作、恋爱、结婚，她人生中的每一个重要时刻，身为母亲的叶嘉莹都不曾错过。如今，女儿先一步离开了这个世界，与女儿相处的点滴，如同电影画面一般在叶嘉莹眼前一帧帧呈现。

有那么一刻,叶嘉莹怨恨命运,她不明白,为什么善良的人偏偏得不到命运的偏爱。然而,这怨恨稍纵即逝,因为诗词可以为她提供宣泄情绪的出口,也能为她提供抵御悲痛的力量。

人世煎熬太多,心总会受到煎熬。这煎熬需要漫长的时间来慢慢消解,每消解一分,心便会更加坚韧。

每一次把感情"杀死"的经历,都是一段极为痛苦的人生历程。丧女之痛让叶嘉莹悲痛欲绝,十首《哭女诗》,首首都是对女儿最痛彻心扉的怀念。是女儿陪伴叶嘉莹走过了生命中一段段无常的岁月,正是因为有了女儿的陪伴,叶嘉莹从未批判过命运对自己的不公。直到女儿离世,叶嘉莹才认清:原来无常才是生命的永恒。

那一刹那,叶嘉莹迷茫了,她不知道自己如何去面对生命的无常。把自己关在房间里的这些日子,她每一天都在与自己的思想谈判。当心痛到极致,叶嘉莹忽然有了彻底的顿悟。她想起了庄子的"逍遥无待"与"游刃不伤"这两种境界,这才发现,再一次将自己的感情"杀死",才是生死存亡时的自救良方。

于是,叶嘉莹第二次"杀死"了自己的感情,放下所有负面情绪,认清生命的真相,接受人间的无常。只有这样,她才能更达观地生活下去。

直到很久以后,叶嘉莹才终于接受大女儿离世的现实。原来,接受无常的存在,是人生的必修课,让伤痛糅合着血泪凝结成痂，或许，便是成长吧！

后来，叶嘉莹曾创作过一首《浣溪沙》：

已是苍松惯雪霜，任教风雨葬韶光，卅年回首几沧桑。自诩碧云归碧落，未随红粉斗红妆，余年老去付疏狂。

那一刻的叶嘉莹，仿佛拥有了苏东坡的洒脱，在备尝人世艰辛之后，达到了"一蓑烟雨任平生"的境界。将感情"杀死"，反而让她拥有了一种生生不息的力量，她要将这种力量用于诗词的传递，用诗词之美去洗涤每一个有伤痛的灵魂。

所谓淡泊，并非远离尘世的僻静，而是看尽浮华之后，依然在尘世喧嚣中拥有一颗安定、不染尘的心。深情的眼眸，穿过岁月的沧桑，看到的依然是曾经的美好。哪怕世事变迁、物是人非，对故乡那浓重的思念，依然能描绘出最旖旎的画卷。

1977年，好不容易缓解了丧女之痛的叶嘉莹决定再次回国探亲。这一次，她带上了小女儿。也许，只有祖国辽阔的土地，才能消解她们失去亲人的悲痛。

这次回国之旅，让叶嘉莹感受到极大的惊喜。她发现，诗词已经渗透进每一个中国人的基因里，正随着血脉世代相传。

在火车上，叶嘉莹看到有年轻人捧着《唐诗三百首》在认真品读，一股说不出的喜悦之情从她的心底缓缓升起；到了长城，叶嘉莹又偶然看到有人在卖《天安门诗抄》，她简直如获至宝，立刻买了下来；在各个城市游览时，当地的导游往往出口成诗，用一句句应景的诗词介绍当地的景点。这一切都让叶嘉莹感受到诗词复兴的希望，也更让她认定，只有中国的土地，才能滋养出最有韵味的诗词。

自古以来，诗词就是中国文人表达情感的方式，在旅行中深受感染的叶嘉莹，也时常会随口吟诵一些小诗：

西安纪游绝句十二首

其一

诗中见惯古长安，万里来游鄠杜间。
弥望川原似相识，千年国土锦江山。

其二

天涯常感少陵诗，北斗京华有梦思。
今日我来真自喜，还乡值此中兴时。

回国教书的念头，便是从这次旅程开始坚定下来的。叶嘉莹觉得，无论当时的西方国家多么发达，都不是最适合诗词发展的地方。打定主意之后，叶嘉莹一回到温哥华，就立刻开始着手办理申请回国教书的事情。

她在给中国政府的申请信中说：自己一生"很多事情没有选择的余地"，而这一次，是她唯一一次为自己主动争取。

她踏着落日的余晖，将这封申请信庄重地投进了信箱。此时是温哥华的春季，盛开的樱花落英缤纷，如此美丽的春景，都不能挽留住叶嘉莹的归心。五十五岁的叶嘉莹，从未像此刻这样坚定过，她不知道自己的余生还有多久，只希望自己有生之年能实现回国教书的愿望，让自己这只远翔的飞鸟能返回熟悉的树林：

向晚二首

向晚幽林独自寻，枝头落日隐余金。
渐看飞鸟归巢尽，谁与安排去住心。
花飞早识春难驻，梦破从无迹可寻。
漫向天涯悲老大，余生何处惜余阴。

从申请信寄出的那一天开始，叶嘉莹每一天都在期待着国内的回信，关注着国内的教育局势。

回想曾经的中国，也经历过一段动荡时期。那时，许多知识分子都对当时的动荡持悲观之心，或许，叶嘉莹也曾悲观过。但如今不同了，祖国大地一片春色，正敞开怀抱等待着仁人志士纵情驰骋，叶嘉莹也希望自己能成为驰骋在祖国大地上的一员。

几十年来，叶嘉莹只能在海外怀念祖国，却不能对祖国贡献自己的力量，更不能畅所欲言地给学生们讲解自己所热爱的古诗词,这是叶嘉莹一直以来的人生遗憾。都说"老骥伏枥,志在千里",如果有一天真的能返回故乡,哪怕自己已经变成一匹"老马",叶嘉莹还是希望能为祖国的诗词事业贡献自己的绵薄之力。

第六章
叶落归根再出发

1. 出走半生，乘诗归来

　　细尘卷起往事，抛诸在流年烟云里。异乡的旅人，总是守一盏灯火，指尖扬起，勾勒着那条寻根的原路。

　　叶嘉莹一直关注着国内的报纸，当她看到李霁野先生获得平反的消息，更是喜出望外。当年，李霁野先生在辅仁大学教外文，与顾随先生是很好的朋友。看到新闻后，叶嘉莹立刻给李霁野先生写去一封问候信，并提出自己希望利用假期回国教书的想法。

　　李霁野先生的回信很快便寄来了，李先生说，国内的教育形势非常好，高考已经恢复，一切都在朝好的方向变化。叶嘉莹一想到自己回国任教的希望很大，便喜从中来：

再吟二绝

却话当年感不禁，曾悲万马一时喑。

如今齐向春郊骋，我亦深怀并辔心。

海外空能怀故国，人间何处有知音。

他年若遂还乡愿，骥老犹存万里心。

中国曾经历过一段特殊的岁月，一些教育家曾在那段岁月中遭受过批判，许多人都曾为此感到悲哀，叶嘉莹也是如此。如今，叶嘉莹多想回到国内和大家一起并辔齐驱，而不是像现在这样，只能在国外怀念祖国，不能畅所欲言地给学生们讲解她热爱的古诗词。"老骥伏枥，志在千里"，叶嘉莹虽已不再年轻，却也希望能尽到自己的力量报效祖国。

功夫不负有心人。没过多久，叶嘉莹便收到了祖国的回信。信中说，她回国教书的申请已经得到批准，并且，祖国为叶嘉莹安排的学校，是国内顶尖的大学——北京大学。

流浪的游子，终于回到了故乡北京。这一年，是叶嘉莹的圆梦之年。她终于将祖国的河山与热爱的诗词同时拥抱在怀里，也唯有"祖国"二字，才能让她一想起来，便踌躇满志。

回国任教的第一年，叶嘉莹先后三次游览圆明园，那些熟悉的景致，无论看多少次，都看不够：

　　　　游圆明园绝句四首
　　惆怅前朝迹已荒，空余石柱立残阳。
　　百年几辈英雄出，力挽东流变海桑。
　　莫向昆池问劫灰，眼前华屋剩丘莱。
　　暮云飞鸟空堂址，可有游魂化鹤来。
　　九州清晏想升平，高观遗基号远瀛。
　　不为苍生谋社稷，寿山福海总虚名。
　　新知旧雨伴游踪，吊古三来废苑中。
　　斜日朝晖明月下，一般乡国此情浓。

　　很快，叶嘉莹回国的消息传遍了中国教育界，许多大学都希望能聘请叶嘉莹担任国学讲师，并向她抛出了橄榄枝。

　　当南开大学的李霁野先生请叶嘉莹前往天津讲学，叶嘉莹只是稍作考虑，便答应了。并非叶嘉莹不喜欢北大，而是从李霁野先生的身上，叶嘉莹能找到恩师顾随先生的影子。虽然流浪海外多年，叶嘉莹却一直深受顾随先生的影响。他的一言一行、一举一动，都对叶嘉莹的人生产生过指引。或许，在叶嘉莹心目中，有顾随先生在的地方，才叫作家乡。

　　离开北京之前，叶嘉莹最想去的地方是碧云寺，她要参拜一下中山先生的衣冠冢。叶嘉莹去的那一天，碧云寺的中山堂正在举办画展，右边的墙壁上挂着一幅屈原的画像，叶嘉莹一进门便注意到了。

那张画像里的屈原,与叶嘉莹心目中的屈原一模一样。她素来倾慕屈原的品格,便打算给那幅画像拍张照片留念。可惜,就在叶嘉莹按下快门之前,那幅画像便被人取下买走了。虽然没能拍到照片,但画像中屈原的容貌却刻在叶嘉莹的脑海里:

水龙吟·题屈原图像

半生想像灵均,今朝真向图中见。飘然素发,翛然独往,依稀泽畔。呵壁深悲,纫兰心事,昆仑途远。哀高丘无女,众芳芜秽,凭谁问,湘累怨。

异代才人相感,写精魂、凛然当面。杖藜孤立,空回白首,愤怀无限。哀乐相关,希文心事,题诗堪念。待重滋九畹,再开百亩,植芳菲遍。

参观碧云寺后的第二天,叶嘉莹便来到了天津。她曾说:"我来到南开大学以后,遂油然产生了一种极为亲切的恍如游子归家的感觉。"

叶嘉莹在南开大学讲授的课程是"汉魏南北朝诗",每周上两次课,每次两小时。让叶嘉莹没有想到的是,自己的课竟然如此受欢迎。她的教室是一间可以容纳三百人的阶梯教室,每一次上课,教室里都会坐得满满当当,就连讲台边和教室门口都挤满了人,其中不只包括学生,甚至还包括当时南开大学的中文系主任、七十六岁的朱维之老先生。

因为来听课的人太多，叶嘉莹不得不费力地从人群中挤进教室，挤上讲台。后来，因为来听课的人越来越多，学校只能想办法限制人数，只有拿到听讲证的人才有资格进入叶嘉莹的教室。即便如此，教室里还是人满为患，就连阶梯过道和教室后面的墙边都站满了学生。赶上天热的时候，大家挤得浑身是汗，却依然听课听得津津有味。

"跑野马"的授课方式，竟然如此受欢迎，这是叶嘉莹始料未及的，也是令她无比欣慰的。她讲得舒服，学生们听得新奇，每一堂课都有极其热烈的反响。

那是一个百废待兴的时代，祖国美丽的前景正等待着每一个有志之士去描画。带着对祖国的美好祝愿，叶嘉莹笔下的诗句也带着欢快的语调：

天津纪事绝句二十四首

其一

津沽劫后总堪怜，客子初来三月天。

喜见枝头春已到，颓垣缺处好花妍。

只有让阳光照见生命，人生才会更加灿烂。心怀阳光，便会发现，世界比自己想象的更加慈悲、更加灿烂。

有时，叶嘉莹也会在课堂上讲到自己的词作：

水调歌头·秋日有怀国内外各地友人

天涯常感旧，江海隔西东。月明今夜如水，相忆有谁同。燕市亲交未老，台岛后生可畏，意气各如虹。更念剑桥友，卓荦想高风。

虽离别，经万里，梦魂通。书生报国心事，吾辈共初衷。天地几回翻覆，终见故园春好，百卉竞芳丛。何幸当斯世，莫放此生空。

站在讲台上的叶嘉莹，毫无保留地向学生传授着自己对诗词的理解，台下的"学生"偶尔也会为叶嘉莹送来小小的惊喜。

一次上课时，叶嘉莹收到一把从讲台下方递来的扇子，黑色的扇面上用朱笔隶书写了一首词，正是叶嘉莹之前在课堂上讲过的《秋日有怀国内外各地友人》。在落款署名的位置，盖着一个小小的图章，叶嘉莹一看便知，写字的人是一位极有功力的书法家。课后，叶嘉莹四处打听扇子的赠予者，这才知道，原来是天津著名书法家王千女士所赠，她也喜欢听叶嘉莹讲课，叶嘉莹感动之余，也为王千女士创作了一首诗作为回赠：

天津纪事绝句二十四首

其十二

便面黑如点漆浓，新词朱笔隶书工。

赠投不肯留名姓，惟向襟前惠好风。

当学生们得知叶嘉莹此次在南开大学授课，只有两个月的时间，便更迫切地希望她能多开一些课程。在中文系学生的强烈提议下，叶嘉莹又开设了一门唐宋词课。不过，叶嘉莹白天的时间已经排满了课程，只好把这门课排在晚上。即便如此，学生们的听课热情依然不减，课堂里还是挤得满满当当。有时候到了下课时间，学生们还是听得意犹未尽，不肯下课。

这些可爱的学生被叶嘉莹当作人生中宝贵的财富。在结束南开的授课之前，她要把他们用诗句记录下来，带到温哥华去回忆、去怀念：

天津纪事绝句二十四首
其二十
白昼谈诗夜讲词，诸生与我共成痴。
临歧一课浑难罢，直到深宵夜角吹。

1979年的夏季即将结束的时候，叶嘉莹在南开大学的这一期授课即将结束。在她启程前往温哥华之前，中文系的师生为她举办了一场隆重的欢送会。如此盛情，让叶嘉莹感动不已，尚未启程，她便已经开始想念这里，想念这里的每一个人。她期盼下一个假期赶快到来，到时候，她要尽早返回天津，与这里的师生团聚：

天津纪事绝句二十四首

其二十一

题诗好订他年约,赠画长留此日情。

感激一堂三百士,共挥汗雨送将行。

其二十二

当时观画频嗟赏,如见骚魂起汨罗。

博得丹青今日赠,此中情事感人多。

叶嘉莹在诗中提到的"丹青",是一幅屈原的画像。来天津的前一天,叶嘉莹在北京碧云寺与自己最喜欢的一幅屈原画像擦身而过,连照片都没能拍到,这是叶嘉莹的遗憾。这一次送行会上,叶嘉莹竟意外收到一幅范曾先生所画的屈原像,虽不是她在碧云寺见到的那一幅,但足以弥补她之前的遗憾。

这幅画像是中文系集体送给叶嘉莹的临别赠礼,作为回报,叶嘉莹为画像填词一首,以表自己的感动之情:

八声甘州

想空堂素壁写归来,当年稼轩翁。算人生快事,贵欣所赏,情貌相同。一幅丹青赠我,高谊比云隆。珍重临歧际,可奈匆匆。

试把画图轻展,蓦惊看似识,楚客遗容。带陆离长铗,悲慨对回风。别津门、携将此轴,有灵均、深意动吾衷。今而后、天涯羁旅,长共相从。

这幅屈原画像,也成为叶嘉莹与范曾先生之间友谊的纽带。叶嘉莹离开天津之前,收到一卷范曾先生送来的录音带,里面录制的是一些诗词吟诵。叶嘉莹十分喜欢这份礼物,便填了一首词作为给范曾先生的答谢:

水龙吟

一声裂帛长吟,白云舒卷重霄外。寂寥天地,凭君唤起,骚魂千载。渺渺予怀,湘灵欲降,楚歌慷慨。想当年牛渚,泊舟夜咏,明月下,诗人在。

多少豪情胜慨,恍当前、座中相对。杜陵沉挚,东坡超旷,稼轩雄迈。异代萧条,高山流水,几人能会。喜江东范子,能传妙咏,动心头籁。

熟悉的乡音,让游子舍不得启程。思念难以割舍,一段段记忆,一帖帖素影,入心入梦,温热了心眸。

回到温哥华的叶嘉莹,几乎时刻都在期盼早日重返祖国的校园。从1979年开始,每年四月,哥伦比亚大学放暑假的时候,叶嘉莹就会自费回国任教;到了七月份,哥伦比亚大学开学的时候再返回温哥华。

她曾先后应邀在北京大学、北京师范大学、北京师范学院、南开大学、天津师范大学、南京大学、南京师范大学、复旦大学、华东师范大学、四川大学、云南大学、黑龙江大学、哈尔滨师范大学、辽宁师范大学、渝州大学、兰州大学、新疆大学、新疆师范大学、华中师范大学、武汉大学、湖北大学等多所大学讲学,还受聘为中国社科院文学所名誉研究员以及中华诗词学会顾问。

可是,从1986年开始,叶嘉莹忽然感觉到,人们似乎对于诗词不那么热衷了。其实,这种感觉从叶嘉莹回国任教的最初就已经萌生过,只是不似此刻那般强烈。

当时,几乎人人都把发展经济当作首要目标,在改革开放与市场经济的冲击下,金钱似乎比诗词更让人们感兴趣。许多中国年轻人不再甘心于留在祖国,而是纷纷考"托福",渴望去西方世界发展。许多文人也不再埋头做学问,而是纷纷下海经商,追求高回报、高收益。

于是,当叶嘉莹再次回到南开大学阶梯教室的讲台上,甚至一度怀疑自己走错了地方。曾经人挤人、人挨人的阶梯教室,竟然空出了许多座位。即便是坐在教室里听课的学生,也不再被古典诗词吸引,他们要求叶嘉莹讲点"洋"的东西,研究生们还会在为叶嘉莹拟定的讲题中明确要求:最好带上西洋文学的色彩。甚至还有人公开问叶嘉莹:"学古典文学究竟有什么用?"

叶嘉莹答不上来,在那样的大环境下,古典文学的确不能立刻变现成金钱,她只能用另外的方式揭开学生眼前的迷雾,不让他们深陷在对西方世界的盲目崇拜里。

此后,叶嘉莹在课堂上会故意讲到类似于"现象学""符号学""诠释学"等西方流行的理论。她知道,同学们对西方世界的好奇心很强烈,必须适当地给予满足,但更重要的是,要让学生通过对西方文学的了解,更加体会出中国古典文学的精妙之处,唤醒年轻人对民族文化的热爱。

在叶嘉莹心目中,美丽的中国古诗词,就如同高枝上盛放的花朵,值得人们去珍视、呵护。虽然国内的大环境发生了一些变化,但叶嘉莹反而觉得自己回国教书的举动是正确的。为了不让中国古典诗词的满园芬芳飘零败落,她必须贡献出自己的一份力量,无论多难,都不能放弃。在那样的大环境里,叶嘉莹创作了一首诗和一首词,既表达了对当时现状的忧心,也是对自己的一种鼓励:

高枝

高枝珍重护芳菲,未信当时作计非。
忍待千年盼终发,忽惊万点竟飘飞。
所期石炼天能补,但使珠圆月岂亏。
祝取重番花事好,故园春梦总依依。

蝶恋花

爱向高楼凝望眼。海阔天遥，一片沧波远。仿佛神山如可见，孤帆便拟追寻遍。

明月多情来枕畔。九畹滋兰，难忘芳菲愿。消息故园春意晚，花期日日心头算。

年轻人想要有所作为，首先要学会尊重自己祖国的文化。叶嘉莹希望每一个中国年轻人都能明白这一道理，于是，她对学生讲起自己在国外听到的一段话："有位西方的社会学家曾经预言，21世纪世界文化的中心在东方，在中国。我们要了解自己、认识自己，每一代人都有每一代人的责任。我们要承先启后，各自担负起自己的责任来。如果中华古代优秀文化遗产和精神文明财富在你们这一代中损毁了、丢掉了，那你们这一代就是罪人……"

她这样教育学生，自己也身体力行，许多青年学生被叶嘉莹对诗词的热爱和拼搏精神吸引，数十年来，他们不计报酬追随在老师身边，专注于中国古典诗词研究。渐渐地，就连一些哲学系、历史系、法律系等外系学生也开始报考中国古典文化研究所的研究生。叶嘉莹果然不辱使命，让中国古典诗词再次盛放于"高枝"之上。

2. 中国诗词界的一场"旋风"

诗词之美,美在情志,美在意境,美在言辞,更美在能唤起情感的共鸣。往事越千年,社会的变化日新月异,情感的变迁却步履蹒跚,直到如今,那些来自千年以前的诗句仍能直击人心。

有人用"叶旋风"一词形容叶嘉莹当时对中国高校的影响,其实,她更像是为中国高校带来了一缕诗词的春风,春风拂过之处,由叶嘉莹亲手播撒下的诗词种子便会生根发芽,蔓延生长在整个中国大地。

在诗词研究方面,叶嘉莹的理想始终是高远的,也是深厚的。无论是王国维那哲人的悲悯,还是李商隐诗心的寂寞,抑或是杜甫的乡愁,都能引起她的共鸣。

在国外教书时，每当在课堂上讲到杜甫的《秋兴八首》，叶嘉莹眼中都会盈满泪水。她多羡慕那些国内的同胞能与这些世界上最美好的诗歌近距离厮守。也正因如此，当她看到许多青年学子将追求经济利益作为首要目标的时候，才会那么痛心。

许多人口口声声说自己喜欢古典诗词，可只要谈论起来，叶嘉莹便发现，他们连与诗词相关的最基本常识都不知道。

因此，她经常会在课堂上讲到诗词的起源。用叶嘉莹的话说，那就是"在心为志发言为诗"。这句话的意思是说，诗句将内心的思想、意念、感情用文字的形式表现出来，从上古时起，人们就是这样来借诗言志的。

每个时代都有其独特的文学种类，例如楚骚、汉赋、六代骈语、唐诗、宋词、元曲，都是特殊时代所产生的特殊文学种类。常见的唐诗，大多是"五言"或者"七言"，可是，最早的诗，是四字一句的。

《诗经》是我国最早的诗歌总集，其中的诗大多是四字一句，例如"关关雎鸠，在河之洲"。这代表了当时中国语言的特色，也充分体现出汉语的精妙之处。一个简单的汉字，能表达出许多深层次的含义与意境，这是世界上其他任何一种语言都不能做到的。

晋朝的挚虞在《文章流别论》中说，四个字可以成声为节，四个字一句就有了声调、节奏，所以，最早的诗歌就是四个字组成一句，这是最简单也是最自然而然的诗歌艺术表现形式。

叶嘉莹就这样循序渐进地向学生讲述诗歌的起源与发展，她不仅希望以此激发年轻人对古典诗词的兴趣，更愿意探究诗词背后的文化，她对诗歌历史和现实命运的关怀，就如同杜甫对国家历史和现实命运的关怀一样。

在诗歌的起源中，叶嘉莹还说，随着历史的发展，又诞生了楚辞，原本的四字诗歌逐渐变成了长句。楚辞又分成骚体和楚歌。

骚体诗的特点，是上下句各六个字，上下句之间夹着一个"兮"字，比如屈原的《离骚》中所写："帝高阳之苗裔兮，朕皇考曰伯庸。"而楚歌的特点，则是上三字和下三字中间夹着一个"兮"字，比如"入不言兮出不辞，乘回风兮载云旗。悲莫悲兮生别离，乐莫乐兮新相知"。后来的七言诗，就是在楚歌的基础上演变而来的。

到了汉代，汉武帝刘彻提倡辞赋，还专门成立了乐府，委派乐师李延年管理。在汉武帝的指示下，李延年将从各地收集来的歌词配上音乐演唱，渐渐形成了"乐府体"。不过，乐府体的诗词各种各样，甚至还有许多长短不齐的句子，例如《上邪》："上邪！我欲与君相知，长命无绝衰。山无陵，江水为竭，冬雷震震，夏雨雪，天地合，乃敢与君绝！"

乐府体中也有类似于五言诗的句子，比如李延年自己创作的《佳人歌》："北方有佳人，绝世而独立，一顾倾人城，再顾倾人国。宁不知倾城与倾国，佳人难再得。"

也是从这首歌开始，五言诗开始逐渐流行。只不过，汉代的五言诗还没有平仄格律的讲究，直到南北朝时期的齐梁年间，梁武帝当政时期，佛教盛行，为了把梵文佛经翻译得正确，开始有了最早的拼音。也是从那时起，人们开始注意到音与韵如何进行搭配，写成的诗句念出来才能更好听。

因为人们开始注重平仄读音，渐渐形成了格律诗，诗句的声调也越发婉转优美。这一切都是自然演化的结果。

叶嘉莹的课，不仅能带给学生知识的增进，而且还能让学生神游其中，陶醉于诗词之美，终生难忘。当年她在台湾教书时，还在读大一理科专业的徐祁莲女士竟然两次翘了"普通化学"等必修课，专门来听叶嘉莹的"诗选"和"词选"，之后还要付出加倍的时间补上自己的必修课。

当时，像徐祁莲女士这样翘课来听叶嘉莹讲课的学生还有很多，叶嘉莹讲课时的魅力，是令人陶醉的。无论讲诗还是讲词，她的教学态度都极为认真。

在讲到关于词的起源时，叶嘉莹通常会用宏观的学术视野、鲜明的语言特色讲述词的产生、成长的过程，以及词体演进的阶段性特征。

叶嘉莹常说，词起于隋朝，出自民间。当时的中国，经济繁荣，文化发达，与外族交往密切，且宗教盛行，因此吸收了许多音乐的种类，兴起了一种将胡乐、宗教乐曲相结合的新兴的音乐，叫作"法曲"。

到了唐朝，在法曲的基础上，又衍生出一种新兴的音乐，人们在填词时会使用这种新兴的曲调。因为这种音乐大多出现在宴会饮酒的时候，因此人们也称这种音乐为"宴乐"。

只不过，宴乐大多在民间流行，社会地位并不高，又因为其语言不够典雅，也不被文人所重视。

到了中唐时期，越来越多的文人觉得这种乐曲实在是太好听，渐渐地，一些知名文人开始为其填词。这些典雅的歌词后来被编成《花间集》，其中收录的词，饱含着作者的学问、修养、理想，歌词中流露着他们的思想志意。

叶嘉莹将唐宋词进行了分类，分别为：晚唐五代宋初"歌辞之词"，苏、辛诸人"诗化之词"，南宋以后"赋化之词"。词的每一次进化，都会经历一次崭新的突破。

在她看来，"歌辞之词"的代表是《花间集》，带有一种婉约纤柔的女性化品质。这种词并非内容空泛，而是能传达出最细腻的情感，是一种了不起的文学形式。

有人说，词与诗相比，格局看上去小了，于是便更加认同以苏轼和辛弃疾为代表的"诗化之词"。不过，叶嘉莹并不主张"诗词合流"，也并不只看重"豪放"而轻视"婉约"。她将"诗化之词"分成了三类：第一类虽有诗的美感，却失去了词的美感；第二类兼具诗词美感；第三类既无诗的美感，也无词的美感，纯属铺张喧嚣。她希望能从中挑选出具有词的双重意蕴的"诗化之词"，将那些幽微、隐约、深情的意境，透过词句展现给世人，带给世人美好的联想和感受。

叶嘉莹的词学理论，既求真又朴素，既厘清了各种相关论说的理论层次，也构筑起严整的词学体系。诗与词，在叶嘉莹心目中都是美好的存在。诗之美，美在言志；而词之美，美在意境。高雅的人，从不将词简单地定义为男欢女爱、无病呻吟，叶嘉莹告诉自己的学生们，就连王国维先生在讲述古今大学问、大事业的三种境界时，都喜欢用词来做比喻。

王国维先生说，第一重境界叫作"昨夜西风凋碧树，独上高楼，望尽天涯路"。这是晏殊的词，是男子假托女子口吻来写的词。表面上写的是女子相思怀人，实际上表达的却是一种境界：要把眼前的一切遮蔽的繁华都扫落，站在高处看到一个更广远的境界。想要做成大事业、大学问，就要摆脱眼前的一切蒙蔽和诱惑，摆脱一切物欲上的依赖，这样才有更高远的理想。

第二重境界叫作"衣带渐宽终不悔，为伊消得人憔悴"。这是柳永的词，他曾为了爱慕的女子失魂落魄、憔悴消瘦，从中足以见得，那女子是美好的，是值得爱慕的，就像美好的理想与目标，为了实现，就要不辞劳苦地去追求。

第三重境界叫作"众里寻他千百度，蓦然回首，那人却在灯火阑珊处"。这是辛弃疾的词，表面意思是说，为了追求所爱慕的女子，付出了一切辛苦，最后忽然间一回头，发现她并未在灯火繁华的世界里，而是在一个孤独寂寞的角落。若探究这句词更深层次的意思，则是在说：放下浮华，脚踏实地，才能洞见成功的本质。

看似是几首与爱情有关的词，竟然也能解读出追求人生境界的深意，这就是词的美妙之处。古典诗词衬托美感的主要手法之一，便是"托义"，也就是通过具象的词汇传递抽象的思想感情。比如"蛾眉"一词，就曾随着时代的变迁，演化出不同的含义。

《诗经》是"蛾眉"一词最早的出处，当时用来形容美丽女子长长的弯弯的像飞蛾的眉。到后来，便用"蛾眉"直接来指代女子的美丽。

后来，在屈原的《离骚》中，"蛾眉"一词又有了另一层意思。屈原用"蛾眉"来自喻高洁的品行，从那时起，"蛾眉"就用来指代有才学、有理想的臣子。

到了唐代，在李商隐的笔下，"蛾眉"又用来指代个人美好的才学和志意。这就是叶嘉莹关于"托义"技法的讲述，她还讲到，自己的恩师顾随，也曾用托义的技法来表达自己的情感。

当时，叶嘉莹还是辅仁大学的学生，当日本人侵占了我国的领土，顾随老师便写下"不是新来怯凭栏，小红楼外万重山，凝泪眼画眉弯，更翻旧谱待君看"这样的词句。他用"凭栏""眉弯""旧谱"这样的字眼儿，都是在表达对国土完整的期盼。

在国外教书时，叶嘉莹深刻地感受到，外国人因为不熟悉中国历史，所以只能从字面上去理解诗词的浅层含义。有时候，他们不仅读不出其中的用意，反而会误以为只是简单的重复。

所以，叶嘉莹总是告诫中国的年轻学子，我们有幸能生长在华夏这片土地，感受五千多年文明的滋养，就要好好读诗，让自己融入诗人的内心世界与时代背景中，和古代的诗人成为知己。

每当说起这些话，叶嘉莹总是神采飞扬。她就是这样做的，那些千百年前的诗人，就是她的知交。每当她开始吟诵古诗词，整个人都仿佛在发光，她吟诵的语调令人沉醉，有人甚至称讲台上的叶嘉莹为"从古典的扉页中走出的诗神"。

3. 唯有诗情是最永恒之美

叶嘉莹每一次讲到"托义之美",都少不了用温庭筠来举例。"词"之所以在文人之中开始有了地位,受到重视,温庭筠功不可没。

20世纪80年代,叶嘉莹曾在祖国举办过一场讲座。那一次,她着重谈到了温庭筠,也谈到了《花间集》。

在国外教书的时候,叶嘉莹最喜欢做的事情,就是把中国古典文学介绍给国外的朋友。因此,当她在返回祖国后的列车上发现有人在阅读《唐诗三百首》时,感动得不能自已。那一刻,她觉得自己多年来在海外做的一切都是有意义的。

这一场关于诗词的讲座,听众之多超乎了叶嘉莹的想象。她原本以为来听讲座的只有她的朋友和曾经的校友,没有想到,爱好古诗词的中国同胞坐满了整个会场。

这是叶嘉莹第二次被喜爱古诗词的人感动。于是,她将自己从小学习古诗词的经历娓娓道来,也将古诗词中蕴含的美好与魅力,一点一点展现在听众面前。

叶嘉莹记得,自己在毕业的时候,曾经在同学的纪念册上写下"但愿人长久,千里共婵娟"。她写下这句词,只因为她觉得这句词很美。如果问古代诗人中谁最擅长写美好的诗词,温庭筠一定算得上其中一个。

五代十国时期的《花间集》中,收录的都是有文化修养的人填写的词,其中,温庭筠被排在第一位。也就是说,是温庭筠提升了词的价值与地位。叶嘉莹为此专门分析过温庭筠的浪漫私生活与关心朝廷政治的理想,再把自己得出的结论拿到课堂上分享。

叶嘉莹的课堂上出现频率最高的温庭筠词,便是他的那首《菩萨蛮》:

> 小山重叠金明灭,鬓云欲度香腮雪。懒起画蛾眉,弄妆梳洗迟。照花前后镜,花面交相映。新帖绣罗襦,双双金鹧鸪。

对于温庭筠的词,有人极其欣赏,有人极力贬低。叶嘉莹觉得,造成如此悬殊评价的原因,是温庭筠在词中表现意境的艺术手法有几个特质。

第一个特质，是只标举精美的名物，却不做仔细明白的主观上的续写。这种特质导致一些读者觉得词句不够连贯，难以引起直接的理解和感发。不过，有些读者却能通过词句中的精美名物，联想到温庭筠精微美好的思想感情，比如常州派词人，便推崇温庭筠的词。

第二个特质，是与托喻之作的传统有暗合之处，给读者以深远的联想。比如"懒起画蛾眉，弄妆梳洗迟"，无疑表明他所写的是一名女子。一个"懒"字，便彰显精妙之处。

第三个特质，就是突然跳接。比如他的另一首《菩萨蛮》：

> 水精帘里颇黎枕，暖香惹梦鸳鸯锦。江上柳如烟，雁飞残月天。藕丝秋色浅，人胜参差剪。双鬓隔香红，玉钗头上风。

第一句中的"水精""颇黎"，给人的感觉是冰冷、坚硬的，温庭筠却马上承接"暖香惹梦鸳鸯锦"，用温暖和柔软的感觉，与上一句形成了鲜明的对比。

同样，一、二句的内容和三、四句之间也是一种对比。一、二句是描写闺房中的景色，而三、四句是描写室外江上的景色。温庭筠对此依然不做理性的解说，所以，有人说他的词是"浪费丽字，扞格晦涩"，因此不喜欢他的词。

可叶嘉莹认为凡事都有两面,温庭筠这种叙写的不明白,常用突然跳接的写作方式,反而使读者可以用自己的想象去填补这些空白。

温庭筠的《南歌子》,也被叶嘉莹引申出更高深的含义。她说,这首写爱情的小词中,那品质上的尊贵、美好,以及对选择和托付的重视,无不引起我们高远的喻托的联想。一个人无论许身什么,难道不是都应该有这种美好的持有和怀存以及投注和许身的感情吗?

叶嘉莹将温庭筠的词总结出以下两个值得注意的要点:第一,温词可以使读者产生丰富的有寄托有寓意的联想,从内容方面提升了歌词的境界;第二,在词之发展中,当时温庭筠对新的形式尝试最多,他是在中晚唐以来文士诗人开始插手为流行音乐填写歌词的风气中,大力投注于词之写作的第一位作者。

叶嘉莹每一次讲解温庭筠的词,都会讲解得非常详细,因为她希望借助温庭筠的词,把理解词、欣赏词的基本常识都讲出来。所以,叶嘉莹不仅会讲温庭筠词的特点,也会讲他生活的环境以及他的生平。

叶嘉莹讲解诗词时,总是习惯先介绍这首诗词所处时代的政治文化背景,以及作者在创作时的际遇和心境,之后才会解说诗句音韵和文字技巧,最后还会讨论诗词如何承载生命。

她那种天马行空的授课方式,越来越被更多学生接受。有时候,她会通过一首作品的情感本质或文字技巧,联想出一连串相关的作品。之后，还会引导学生们去分辨这些相关作品中的不同之处。如此一来，学生不仅学会了如何感受一首作品的特质与风格，更学会了如何分辨不同作品及其作者之间的不同特质与风格。

讲台上的叶嘉莹，讲解起诗词如数家珍。有时，一些相似作品中细微的差别，也能被她讲解得无比生动，让坐在讲台下方听讲的学生浑然忘我，陶醉其中。

古典诗词的多彩多姿，就这样在叶嘉莹的讲述中活生生地呈现在学生眼前。小说家陈映真在旁听过叶嘉莹的"诗选"课之后，曾做出过如下评价："那是我生平头一次感受和认识到我国旧诗中丰富璀璨、美不胜收的审美世界。"

第七章
若有诗书藏于心

1. 诗魂永不会老去

人的生命可以用时间来衡量，诗的生命却是永恒的。无论何时何地，诗情总能让一颗心更加鲜活，爱诗的人，也会因一缕诗魂的浸润而永远年轻。

叶嘉莹的每一堂课，都能让学生们感受到新奇与惊诧。她总是一副娴静优雅的模样，周身散发着智慧的韵味。教书时，她全心全意，循循善诱，从不因任何外界的影响而降低自己对教育的热情。

在为学生们讲解古诗词意境之美时，叶嘉莹曾举过这样一个例子：《吴越春秋》中记载了一首黄帝时代人们狩猎时的歌谣，只有八个字："断竹续竹，飞土逐肉。"意思是说，人们打猎时，会先将竹子砍下来，再修成自己所需要的形状，将断竹拼接到一起做成弓；再用泥土做成弹丸，用竹弓弹射出去，捕捉猎物，得到食物。

短短八个字，竟然表达出如此丰富的内容，这便是诗歌的凝练表达方式——用最简短的语言，呈现出最丰富的画面感和故事性。

谈到自己对词的意境的理解，叶嘉莹曾说："意境是作品中的世界，是作品中的情、景和事物相交融所形成的。构成意境的要素，既包括作品中客观的景物、事物，也包括作者主观的思想感情。"

每一次站在讲台上讲诗词，叶嘉莹都会走进作品中的世界，一次又一次地身临其境，感受作品中的意境。为学生讲课的过程，也是叶嘉莹沉醉于诗词中，让自己感动的过程。每上一堂课，叶嘉莹都能收获一次美好的艺术享受。

在课堂上，为了让大家更容易理解诗词的意境，叶嘉莹创造了许多授课方法。意境本是虚幻的，叶嘉莹便将其分解成画面、场面、声音、对话、思想感情这几个侧面，用相对具象的方式去诱导大家理解。

针对每一个侧面，叶嘉莹都会精心挑选适当的例子。比如，针对画面感，她会举例："长亭外，古道边，芳草碧连天""两个黄鹂鸣翠柳，一行白鹭上青天"，句子中提到的鲜明色彩，很容易让人联想到唯美的画面。

针对场面感，叶嘉莹会举例："碛里征人三十万，一时回首月中看""马作的卢飞快，弓如霹雳弦惊"，这样的诗句仿佛能让读者面前呈现出电影画面，影片中有即将踏上征程的丈夫在不时回头望月，还有快马奔腾、开弓出箭的战争场面。

针对声音，叶嘉莹会举例："稻花香里说丰年，听取蛙声一片""窗外雨潺潺，春意阑珊""中军置酒饮归客，胡琴琵琶与羌笛"，诗中有蛙声、雨声，还有胡琴、琵琶、羌笛的乐声，这样的诗句，本身就具有鲜活的生命力。

针对对话，叶嘉莹会举例："君家何处住？妾住在横塘。停船暂借问，或恐是同乡。"几句简短的对话，立刻让一个热情开朗的年轻女子形象跃然纸上。

针对思想情感，叶嘉莹会举例："十年生死两茫茫，不思量，自难忘""乡书何处达，归雁洛阳边""又送王孙去，萋萋满别情"，三句诗词，分别表达了对亡故妻子的思念、浓浓的乡愁、依依惜别的不舍三种情感。

叶嘉莹就是用这样的方式，让大家清楚理解诗词中的意境，再让大家了解，虽然可以用分离的方式去感受诗词，但诗词中的意境其实是声、色、情、景相糅杂的，每一个侧面都不可分离。

有时，叶嘉莹也会教学生跳出诗词的意境，从另外的角度来欣赏。比如清代赵翼的《论诗》："李杜诗篇万古传，至今已觉不新鲜。江山代有才人出，各领风骚数百年。"这首诗便与意境无关，是诗人在表达自己的观点。因此，欣赏这首诗，其实就是要领会其中的道理。

叶嘉莹对诗词的喜爱，除了意境，还有其吟诵之美。从小，她最爱听家里的长辈吟诵诗词，她会从中感受到一种音律之美，仿佛动听的乐曲，很容易让人沉醉。

那时，她还不知道那些诗词的含义，只是觉得自己喜欢长辈们吟诵诗词的声调。久而久之，她自己也学会了吟诵，从此以后便更加热爱，且热爱了一生。

在叶嘉莹看来，吟诵不同于朗诵。吟诵是一种更加细腻的表达方式，可以表达出诗词中的喜怒哀乐与感情起伏，可以说，吟诵是文学、音乐、语言的结合。

叶嘉莹的课之所以受到追捧，就是因为她能将学生带入一个高度审美的语言境界中，让大家忘我地随着她在中国古典诗词的殿阁中，发现艺术和文学之美，其中也包括吟诵之美。

吟诵诗词看上去很容易，其实不然。吟诵与唱歌不同，没有固定的谱子，不同的吟诵方式，表达的情意也不同。吟诵的基本原则，不是想长就长、想短就短，要掌握一个节奏，才能拥有自己的调子。

叶嘉莹总是强调，吟诵诗词最起码要读对平仄声，这是很多现代人忽视的地方。古人有古人的声调，许多古诗在古代的发音和声调与现在完全不同，一般人很难了解其原本的读音和声调。既然如此，就更要把平仄读对、把格律念对，这样才能吟诵出诗词原本的意境。

喜欢诗词的人，大多喜欢写诗，却并不是每个人都能写出好诗。叶嘉莹建议，普通人写诗最好遵循三点：第一，一定要掌握最基本的格律知识、对仗知识、一般的律诗的规律。第二，一定要有真正的兴发感动。第三，最好用优秀的语言来表达。

想要做到以上三点，根本没有捷径可走，唯一的方法，便是多读古诗词以及关于古诗词的书籍。

诗词的格律本身，就形成了声调之美，这是叶嘉莹一直坚持的理念。在吟诵诗词的时候，她会尽量将其读得合乎格律。

古代诗人在写诗的时候，就是按照平仄的声调写的。如果不按照平仄去吟诵，就很难将诗的美感传递出来。尤其是对于那些本身就具有音乐性的诗词，如果减去声调，就等于抽空了诗词一半的生命。

一首诗的美，包括字形、字音、字意三个方面，任何一方面的美，都不能被随意去除掉。比如李白的《忆秦娥》，如果不用入声去吟诵，就很难表达出安史之乱后国破家亡的悲哀，整首词的滋味就会黯淡许多。

有人说，叶嘉莹读诗用的是古音，太拗口。其实，每个朝代都有不同的古音，叶嘉莹并没有按照它们的音来读，只是按照字本身平仄的调子来读。她总是告诉自己的学生，我们在读诗的时候，要用声音传递出古诗之美，读出诗人用格律传达出的情感。

渐渐地，人们开始接受叶嘉莹那独有的吟诵方式，也会陶醉于她吟诵时的优美音调。那是一种不同于现代人的诵读方式，其中凝聚着叶嘉莹对古诗词的深沉热爱。

学生曾问过叶嘉莹诗词对她来说意味着什么，叶嘉莹用两首诗作为回答。第一首是李商隐的《嫦娥》："云母屏风烛影深，长河渐落晓星沉。嫦娥应悔偷灵药，碧海青天夜夜心。"

这首诗，影响了叶嘉莹整个青春年代。第一次读这首诗的时候，叶嘉莹还是个小孩子。她听家里人讲过嫦娥的故事，于是，那时的她，以为自己读懂了这首诗。诗中提到的"云母"，叶嘉莹从小就见过，家里的太师椅背后就镶着类似的石头。至于"云母屏风"，在叶嘉莹当时的理解里，就是云母石做的屏风而已。

她听家里人说，嫦娥因为偷吃了长生不老的灵药，就飞升到月宫中去了。整首诗对于当时的叶嘉莹而言，并不难理解，唯有最后一句，她有点弄不懂，只是觉得读起来很美。

随着年岁渐长，叶嘉莹读过的诗词越来越多，这首《嫦娥》并未在她心中占据太多的分量。直到后来流落台湾，叶嘉莹夫妇在白色恐怖中先后被关押，出狱后又经历了很长一段苦难的日子，好不容易找到一份在高中教国文的工作，叶嘉莹无意中又在教科书中见到了"云母"二字。

那堂课讲的是《资治通鉴》里的"淝水之战"，文中提到，前秦苻坚坐着一辆云母车。重见"云母"这两个字，叶嘉莹感觉恍如隔世，一种说不出的情感在胸中翻涌，直到下课后走在回家的路上，她的精神还是恍惚的。

不知不觉，叶嘉莹吟诵起那首熟悉的《嫦娥》，当吟诵到最后一句"碧海青天夜夜心"，她忽然之间悟出了这句诗的深意：它象征着嫦娥无边的寂寞。

月亮是悬挂在空中的，上边是蓝天，下边是碧海，没有一处可依附。住在里面的嫦娥，独处辽阔的宇宙之中，该是多么孤单落寞啊。此时的叶嘉莹，感同身受着嫦娥的孤独，她终于明白，原来李商隐并不是在讲述一个嫦娥的故事，他是在写孤独寂寞的感受。这种感受，没有人比当时的叶嘉莹更能体会。

关于诗词对自己意味着什么，叶嘉莹提到的第二首诗，就是杜甫的《秋兴八首》："夔府孤城落日斜，每依北斗望京华。听猿实下三声泪，奉使虚随八月查。画省香炉违伏枕，山楼粉堞隐悲笳。请看石上藤萝月，已映洲前芦荻花。"

这是叶嘉莹在授课时会反复提及的一首诗，因为她的大部分人生，都与当时的杜甫一样，是一名流落异乡的游子。

创作这首诗时，杜甫已经在四川住了很多年，老年的他渴望回到故乡长安，可是，当他乘船经过巫峡的时候，那里也发生了战乱，无奈之下，杜甫只得羁留在夔州。

那时的夔州就是一座孤城，杜甫不知道自己哪一天才能回到长安。因此，怀念长安的时候，他便会向长安所在的方向遥望。他觉得自己就像北斗星，斗柄所指的方向，就是他怀念的故国。

叶嘉莹的经历与杜甫何其相似！旅居台湾的很长一段岁月

里,叶嘉莹生活在白色恐怖中,与家乡的一切联系都被切断了。那时,她常常梦见自己回到了故乡,可是醒来之后又怅然若失,不知道自己什么时候能真的回去。

所以,每次讲到杜甫的这首诗,叶嘉莹心中都会翻江倒海般痛。原来,有些诗,年少时根本读不懂,只有经历过人生,对诗词的理解才能深刻。

其实,这个道理,杜甫早已在《咏怀古迹五首》的第二首诗中讲过:"摇落深知宋玉悲,风流儒雅亦吾师。怅望千秋一洒泪,萧条异代不同时。江山故宅空文藻,云雨荒台岂梦思。最是楚宫俱泯灭,舟人指点到今疑。"

这首诗是杜甫从夔州出三峡,到江陵,游览宋玉宅之后所作。宋玉宅中的草木摇落、景物萧条、江山云雨、故宅荒台,都让杜甫触景生情。宋玉生前风流儒雅,死后被人曲解,杜甫为其鸣不平。

在杜甫看来,宋玉既是词人,更是志士,怀念宋玉,也勾起杜甫对自己身世的悲慨。随着历史变迁,岁月消逝,楚国早已荡然无存。人们早已不关心楚国的兴亡,更不了解宋玉的志向抱负,以至于曲解史实,以讹传讹。

生前不获际遇,身后为人曲解,这是宋玉的悲哀,也是杜甫的悲哀。年轻时读宋玉的诗赋,杜甫的体会还不曾这样深切,直到老年漂泊水上,生计窘迫,景况萧条,情绪悲怆之时,杜甫终于体会到宋玉的悲凉。

同样的感受，辛弃疾也曾有过。他在《水龙吟》中写道："老来曾识渊明，梦中一见参差是。觉来幽恨，停觞不御，欲歌还止。白发西风，折腰五斗，不应堪此。问北窗高卧，东篱自醉，应别有，归来意。"

创作这首词时，辛弃疾已经五十五岁，刚刚被罢官退居瓢泉。他满腹心事，一腔幽怨，在梦中见到了归耕隐居的陶渊明，直到此时，才明白陶渊明诗中的那份情意。

所以，叶嘉莹常说，诗歌是有生命的。这个生命不会因为时间和地点的变动而变色，古典诗词的美也不会因为年代的变迁而改变，反而会因为时间的流逝而隽永。

人生多艰，谁也无法逃避离别与孤独。有情怀的人，似乎比寻常人更容易感受到孤独，那是一种情到深处时心灵的静美，让思考更加深入，同时也让人更加寂寞。

人类的孤独可以跨越文化和时空，从本质上，孤独是相通的。叶嘉莹的一生，不断经历亲人、师友的离去，尤其是大女儿意外离世时，她曾发出"迟暮天公仍罚我，不令欢笑但余哀"的悲叹。

只不过，这种孤独并未将叶嘉莹导向心灵的逼仄，反而让她走出"小我"，去感发"大我"的世界。

中国古典诗词中，总是写到孤独。只不过，诗中的孤独是美的，诗人笔下的孤独，仿佛与寻常人感受到的孤独是不同的。

比如曹雪芹在《红楼梦》中所写的《葬花词》，开篇一句："花谢花飞花满天，红消香断有谁怜？"就将浓郁的孤独感呈现在读者面前：枯萎凋残的花，在风中漫天旋转。花儿原本鲜艳的颜色已经褪去，芳香早已消逝，有谁还能对它心生哀怜？

叶嘉莹每次为学生讲解《葬花词》时，总是喜欢拿出五代广陵诗人冯正中的《鹊踏枝·梅落繁枝千万片》进行对比讲解。这首词中的梅花显然是多情的，即使到了生命凋落的时刻，也要在空中舞出旋转的姿态。相比之下，林黛玉的《葬花词》只是抒发闺中寂寞而已。

"侬今葬花笑人痴，他年葬侬知是谁？试看春残花渐落，便是红颜老死时。一朝春尽红颜老，花落人亡两不知！"在叶嘉莹看来，《葬花词》中的这几句虽动人，却略显浅白。相较而言，她更欣赏李煜在《相见欢》中所描写的孤独："林花谢了春红，太匆匆。无奈朝来寒雨，晚来风。胭脂泪，相留醉，几时重？自是人生长恨，水长东。"

如此短暂精练的句子，足以表达孤独的人生。只不过，叶嘉莹并不欣赏刻意渲染出来的孤独，而是更希望从诗词中寻找帮助自己超越孤独的力量。所以，她更欣赏清代陈宝琛所作的两首《落花诗》。这两首诗虽然也是在描写孤独，却蕴含着让人明智的哲理，教人超越孤独，拥有积极的人生态度。

2. 贫瘠的土壤也能开出灿烂的花朵

叶嘉莹是含着金汤勺出生的人，但她的一生却经历了太多颠沛流离。孤独，几乎成了她人生的常态，但那颗热爱诗词的初心，却从未动摇过。

她曾创造过一个名词，叫作"弱德之美"，意思是说，有一种持守，有一种道德，这个道德是在压抑之中的，不能够表达出来的。

这个新名词的灵感，源自清代文学家朱彝尊的故事。朱彝尊身为前朝遗民，祖辈在明代做过很大的官，因此，他不愿参加科举为清廷效力。在当时，放弃科举之路，就意味着没有出路，朱彝尊的日子也因此穷困潦倒。在他十几岁那一年，当地一户姓冯的人家因为没有儿子，想要招赘婿，朱彝尊便成为冯家大女儿的上门女婿。

朱彝尊成婚时,冯家小女儿只有十岁。因为朱彝尊有学问,冯家便让他教小女儿读书。随着小女儿日渐长大,两人之间产生了情感,只是碍于礼法,他们不能在一起。后来,小女儿嫁给了别人,却婚姻不幸,朱彝尊十分心痛,却只能压抑着自己的情感,将那不为世俗接受的爱全部写在词中,集成了一卷《静志居琴趣》。

"静志居"三个字出自曹植的《洛神赋》中"收和颜而静志兮,申礼防以自持"一句,意思是说,要把内心的感情收起来,要自己有所持守。

"弱德之美",就是叶嘉莹在美学之上为朱彝尊词所做出的独特诠释,也是对叶嘉莹内心世界最好的形容。

因为生于乱世,叶嘉莹自幼便见过许多苦难。七七事变之后,她更是亲身经历了亡国之痛,与此同时,又经历丧母之痛,婚后与丈夫到了台湾,又立即遭遇白色恐怖的迫害,颠沛流离之下,她只能将全部的悲伤压抑起来。直到去往海外教学,叶嘉莹才终于打开了自己的一片天,过上了安宁的日子。

难熬的岁月里,作诗是叶嘉莹用来纾解痛苦的唯一方式。她曾说:"我一辈子吃苦耐劳什么都忍受,就是为了我的小家,我一定要从小我的家里面跳出来。"

回国教书之前,叶嘉莹曾立下志向:"我要回国,我要回去教书,我要把我的余年都交给国家、交给诗词。"对叶嘉莹而言,研读诗词，给了她走过忧患的力量，她那饱经磨难的人生，早已同诗词融为一体。所以，人们才说，是诗词拯救了叶嘉莹，也是叶嘉莹复活了诗词。

叶嘉莹几乎是在用自己的生命践行着"弱德之美"，在暴风雨面前，她不是一棵大树，而是一枝柔韧芦苇，即便强风暴雨之后，她依然存在。

叶嘉莹所说的"弱德之美"，并非劝人软弱，而是教人在任何境况下都要坚强地持守自己，严格要求自己，自己把自己持守住了，无论多么艰苦，都尽到自己的力量，尽到自己的责任。

其实，叶嘉莹的这一理念，与儒家文化提倡的"穷则独善其身，达则兼济天下"十分相似。"弱德"之人，绝不是弱者，而是在弱势中完成自我成全。叶嘉莹一生几乎没有主动追求过什么，在不公与苦难面前，也做到了尽力承担。如她自己所说："把我丢到哪里，我就在哪个地方，尽我的力量，做我应该做的事情。"

回国任教之后，叶嘉莹越来越感到现代年轻人普遍有一个特点，那就是戾气偏重，喜欢抱怨，却不懂得自省。因此，在课堂上，她时常会讲到自己从小在《论语》里面学到的道理，比如"躬自厚而薄责于人""行有不得反求诸己""吾日三省吾身：为人谋而不忠乎？与朋友交而不信乎？传不习乎？"。这些话都是在教人严格要求自己，也是让叶嘉莹受用终身的道理。

《论语》的教诲，也是叶嘉莹提倡"弱德之美"的原因之一。

女人如水，看似柔弱，实则刚强。在残酷的现实面前，叶嘉莹从未屈服过，她总是从容淡定的，尤其是当她谈论起诗词时，周身会散发出雍容华贵的魅力。

原来，"弱德"并非纤弱，反而是充满无惧的精神。当年遭受人生波折坎坷的时候，从未见过叶嘉莹患得患失；当人生逐渐走向顺遂，她却偏偏不肯享受安稳；当荣耀加身，她又不居功自傲。这样一个崇尚"弱德之美"的叶嘉莹，实则是一个格局开阔的大女人。

都说女人是感性的，尤其是当读到婉约的诗词，情绪便会随着词句忧愁、悲伤。然而，叶嘉莹却能从婉约词中发掘出豪迈的力量。

在台湾大学任教时，叶嘉莹曾教过物理系一个班的大一国文。一次，她给学生讲解韦庄的《思帝乡》："春日游，杏花吹满头。陌上谁家年少，足风流。妾拟将身嫁与，一生休。纵被无情弃，不能羞！"在任何人看来，这都是一首与女子情爱有关的小词，叶嘉莹却告诉学生，不能这样简单地看待这首词，而是要从中学到追求理想的精神。当时，杨振宁、李政道两位教授获得了诺贝尔物理学奖，物理系成了热门专业，叶嘉莹通过这首词教导物理系的学生：两位教授的成就，不仅仅是获得了诺贝尔奖，而是在于他们对物理学终身不渝地追求。即便不曾获奖，相信他们也会为了物理学付出自己的一生。

哪怕孤独，也不轻易悲伤，这就是叶嘉莹身上的"弱德之美"。即便是身处不幸福的婚姻里,她也从未动摇过对婚姻的坚持。这并不代表叶嘉莹向大男子主义妥协,只能证明她的胸襟宽广。婚姻里,总有人要承担责任,既然对方不肯承担,那就自己承担又如何?

命运给予的一切,哪怕再坏,她也照单全收。这反而是一种藐视命运的态度,自己怎样去活、活得怎样,命运做不了主,只有自己才能掌握。

在喧嚣中偶遇一笺诗语,从此便开始了诗情画意般的起承转合。当繁华散尽,心灵深处依然保留着一处净土,那里回荡着诗词的旷世奇音,在浅吟低唱中,静观凡尘,在疏狂的岁月里,把酒当歌。

1987年,叶嘉莹应北京辅仁大学校友会、中华诗词学会、国家教委老干部学会、中国国际文化交流中心的联合邀请,在国家教委礼堂主讲了"唐宋词系列讲座"。这次讲座一共十讲,每次大约两个半小时。可容纳一千五百人的大礼堂里,每一次都是座无虚席,听众跨越了社会各阶层、各年龄层,上自六七十岁的老教授,下至十六七岁的学生,反响极其热烈。

随后,叶嘉莹又前往沈阳和大连做了七次讲授南宋词的演讲。这十七次演讲的内容被收录在《唐宋词十七讲》,由湖南岳麓书社出版,北京师范大学出版社还将演讲内容录制成录音带和录像带出版。

做了一辈子老师的叶嘉莹,只要时间和精力允许,便乐于接受讲座的邀请。她最大的愿望,就是将全部精力投入古典诗词的文化传承事业当中。

诗词是叶嘉莹心灵深处的慰藉,宛如三月春风,抚慰着那些泪满衣襟的蹉跎岁月。

1989年,叶嘉莹从哥伦比亚大学正式退休。这一年,她当选为"加拿大皇家学会院士"。在授予仪式上,她穿了一件红边黑色的中式旗袍,这件衣服蕴含着古人所谓的"遂我初服"之意。叶嘉莹是在用这样的方式告诉自己的故乡,她这个漂泊多年的游子,终于要回来了。

退休,是事业的终点,对叶嘉莹而言,却是另一个事业的起点。退休之后的叶嘉莹,反而比之前更加忙碌。她终于可以利用更多的时间和精力回国教书。国内的几所著名高校纷纷向叶嘉莹发出邀请,但叶嘉莹思前想后,最终还是决定留在南开大学。

她还是保留着站着讲课的习惯,即便中途累了,需要坐下来休息几分钟,也会恭敬地向台下的听众"请示"。她的敬业精神令人钦佩,因此,在叶嘉莹的课堂上,不乏高学历、高职位的人才,甚至连中科院院士都甘愿成为她的"学生"。

对叶嘉莹而言,诗歌是值得用一生去拥抱的美好事物。她曾在诗中写道:

已是桑榆日影斜,敢言辽海作蓝霞。

暮烟沉处凭谁识，一杯鲛绡满泪花。

　　诗中的鲛绡，是传说中鲛人用自己的眼泪织成的绡，是鲛人生命的结晶。对叶嘉莹而言，诗词就是她生命的结晶与寄托。

　　她从不觉得自己是所谓的权威学者，只把自己当成一个热爱诗词的普通人。艰难时，她喜欢从诗词中汲取力量，感受自己的生命与诗歌融为一体，那便是最大的愉悦。

　　向大众教授古典诗词，被叶嘉莹当作一生的职业志向。已故著名学者缪钺先生曾评价叶嘉莹"怀京华北斗之心，尽书生报国之力"。年过九十依然站在诗词讲台上的叶嘉莹，的确对得起这样的评价。

　　她总是告诫自己的学生，要用自己的生命去写诗。因为真正好的诗词作品，都是蕴含高尚的人格、品行、意志和修养的性情之作。唯有用生命写出的诗歌，才能永垂不朽，古代许多伟大的诗人皆是如此。

　　在工作岗位上奋斗了大半生的人，往往会期盼退休后能过上自由、舒适的日子。可在叶嘉莹的字典里，似乎根本没有"退休"两个字。既然退休后的人生是用来供自己支配的，那么，她便将这段人生继续投入诗词教学中去。

　　除了在校园里授课，叶嘉莹还会把课堂搬到自己家中的小客厅里。她倡议古诗词要从娃娃抓起，建议让孩子们从幼儿园时期就接触古诗词，将古诗词融入游戏当中，边学边玩，自幼打下良好的人文基础。实现这一构想，还有很长的路要走，但叶嘉莹从未想过放弃。

她似乎从未将诗词教学当成一份工作，因为那是她发自内心热爱的事情。工作时的叶嘉莹是最快乐的，只要站在讲台上，身体上的病痛仿佛瞬间便会治愈。站在讲台上的她，是世间最美的红颜，诗词的滋养，让她的美由内而外绽放。

除了教书，叶嘉莹从未设想过自己还能从事别的什么职业。从辅仁大学一毕业，她便成为一名中学国文教师。有时，叶嘉莹也会调侃地说，与现在的年轻人相比，自己算得上胸无大志了。

叶嘉莹对诗词的研究从不带有任何功利性，完全是对诗词的热爱与认真的态度，支撑着她一路不断辛勤工作。她更从未给自己设定过任何目标，只是因为自己曾借助诗词的力量走过忧患的岁月，所以便想将这种力量分享给更多的人。

与诗词相伴，已经成为叶嘉莹一种本能的生活方式。被诗词填充的灵魂是纯真的，叶嘉莹希望自己的学生对诗词的热爱也是纯粹的。因此，每次带研究生的时候，叶嘉莹都会提醒他们做好心理准备，因为他们正在从事的事情，不一定能带来光鲜亮丽的生活，不一定能找到高薪的工作。如果还要继续学习，必须出自真心。

为什么叶嘉莹总是强调要用真心来学习诗词？因为在她看来，古人在创作诗词时，用的也是一颗真心，诗句里凝聚着他们的生命，以及他们的生活。

在课堂上，叶嘉莹总是引导学生要透过诗人的作品，感受诗人的心灵、智慧、品格与修养，让他们的灵魂得到再生。这样，学生在品读诗词时，也会受到强大的感发，感受到无尽的乐趣。

与这种乐趣相比，任何专家、学者的头衔，都是那样渺小。她从不在乎是否能取得成就，只在乎读诗词、教诗词的那一刻，自己是快乐的，也能把这份快乐带给别人。

许多学生就是被叶嘉莹对诗词的真心打动，乐此不疲地跟着叶嘉莹听课的。任教七十余年，叶嘉莹始终不改初心，因此，有的学生跟着叶嘉莹听了三十多年的课，并且还打算继续听下去。

他们喜欢叶嘉莹的授课方式，她的课堂上没有固化的思维和内容，只是情之所至随意发挥。这样一来，学生的思维也不会固化，课堂上总有一些新鲜的东西迸发出来。

在叶嘉莹的授课理念里，只要是在课堂上念写好的稿子，就等于把诗词讲"死"了。只有根据作品去发挥，才能讲出鲜活、有生命的东西。正因如此，那些在课堂上被反复提及的诗人，也总能让叶嘉莹产生新鲜感。

叶嘉莹每一次讲课的过程，都像是一次全新的创作过程。站在讲台上的她，被那些临场发挥出来的内容感动着，她相信，这样的内容与这样的情感，也能带动着同学们去感动。

在诗词研究方面，叶嘉莹总是觉得自己做得还不够多、不够好。她总是觉得一个人的精力实在有限,尤其是在那段忧患岁月里,自己迫于无奈浪费了许多光阴。用她自己的话说:"在创作的道路上,我没有能够成为一个很好的诗人;在研究的道路上,我也没有能够成为一个很好的学者。"抱着如此谦逊的态度,她将余下的全部精力与时间都奉献给了教学工作,在学生心目中,她是一名最好的国文教师。

3. 诗如画，词如歌

　　当荣耀加身的时刻，责任也会随之而来。1991年，叶嘉莹当选加拿大皇家学会院士，紧随其后，南开大学与叶嘉莹商议，希望由她来担任诗词研究所的所长。

　　诗词研究所是南开大学即将成立的一个崭新的机构，目的是发展汉语教育学院的教学深度，将语言教学提高到文化层次。叶嘉莹不擅长管理业务，但为了诗词研究所的愿景，她还是答应了下来。

　　想要成立一个全新的机构，最难的便是资金筹集问题。南开大学希望借助叶嘉莹的学术影响力，从海外募集一笔资金，为诗词研究所盖一座大楼作为办公场地。

　　叶嘉莹并不擅长交际，可是为了让中国古典诗词能生生不息地延续相传,她愿意去努力尝试。

作为一种文化载体,古典诗词传承着文化,积淀着历史,仿佛隔着千载,又近在眼前。叶嘉莹觉得,自己能做成这件事,并不是自己的能力有多强,而是因为诗词本身就具备不可小觑的影响力。

在不列颠哥伦比亚大学教书时,叶嘉莹与在图书馆工作的谢琰先生成为好友。谢琰先生的夫人施淑仪女士是香港中文大学中文系毕业的高才生,十分热爱中国古典诗词,也颇有研究。共同的爱好让叶嘉莹与施淑仪女士成为挚友,她们时常一同举办小范围的诗词聚会,闲来无事时,也会聚在一处吃饭、谈心。

一次聚会时,叶嘉莹无意中谈起自己正在为建造办公楼筹款的事情。她向谢琰夫妇坦陈,这件事对于自己来说的确有些为难,听到这里,谢琰先生忽然想起自己的一位好朋友——华裔企业家蔡章阁先生。当年不列颠哥伦比亚大学成立亚洲研究中心时,谢琰与蔡章阁先生结识。蔡章阁先生同样热爱国学事业,谢琰先生便介绍他与叶嘉莹认识,还专程安排蔡章阁先生听了一场叶嘉莹的诗词讲座。

讲座结束之后,蔡章阁先生当即同意捐资,为南开大学建一座中国古典文化研究所教学楼。这一良好的开端,让研究所后来的建立事项一顺百顺,叶嘉莹也将自己的一半退休金——十万美元(当时折合约人民币九十万元)捐献给研究所,成立了两项奖学金,分别命名为"驼庵奖学金"和"永言学术基金"。

流寓海外多年，叶嘉莹从未忘记自己是顾随先生的学生。按照顾随先生的期望传承中国古典诗词，一直被叶嘉莹当作自己的使命。然而，她觉得自己做得还不够好，对恩师顾随始终抱有愧疚之心。于是，她用恩师的别号"驼庵"来为奖学金命名，希望古典诗词不再遭受忽视和冷落，更希望年轻人能承担起传承中国古诗词的使命。

至于为何将学术基金命名为"永言"，其中的深意更多。古典诗词是叶嘉莹最重视的艺术，她十分喜欢《毛诗·大序》中的"诗言志，歌永言"一句，于是便摘取了其中的"永言"二字为学术基金命名。

除此之外，"永"和"言"，分别是叶嘉莹的大女婿和大女儿名字中的一个字，以此为学术基金命名，也是叶嘉莹对大女儿夫妇的缅怀。

几乎是在叶嘉莹忙着筹备诗词研究所的同时，从北京传来了察院胡同即将拆迁的消息。对于叶嘉莹而言，察院胡同23号，是她在这个世界上唯一当作"家"的地方，也是她最想保留下来的地方。

回国之后，叶嘉莹参观过江西庐山的白鹿洞书院，那里都是和察院胡同相似的四合院小房子，既有讲课的地方，也有给学生住的地方，且十分幽静，叶嘉莹一见就喜欢，并且梦想着将察院胡同的老宅也改建成一所书院式的中国古典诗词研究所。

这个构想在叶嘉莹脑海中盘桓了很久，她也为此付出了许多努力，可惜终究没能成功。

1993年，叶嘉莹受邀前往美国加州万佛城的法界大学去给僧众和信众们讲陶渊明的诗。

在诗歌的真诚方面，叶嘉莹最钦佩的诗人是陶渊明。就连苏东坡都曾赞美陶渊明的诗"质而实绮，癯而实腴"，意思是说，陶渊明的诗非常质朴，心里怎么想就怎么写，既不会故意写得漂亮来求得别人的赞美，也不会为了让别人能读懂而故意写得简单。

叶嘉莹记得自己的恩师顾随先生曾经将陶渊明的诗形容成"日光"，是七彩融为一白。因为日光看上去只是单纯的白的亮色，用三棱镜一折射，就会发现里边是七彩的。陶渊明的诗读起来非常简单，但里面的情思、意念、精神、感情的活动是非常复杂的。

自古以来，赞美陶渊明诗的人很多。其实，陶渊明留下来的诗并不多，只有一百多首，其中还有很多是组诗。他的诗，有着极其简洁干净的文字，每一首诗都是自己内心最真诚的流露。若情思复杂，他便写得复杂；若情思简单，他便写得简单。甚至可以说，他的诗不是为别人而作，只是为自己而作。

古时候的读书人，大多有着"修身齐家治国平天下"的理想，陶渊明虽本性纯真，但是也曾入仕为官，只不过，这并不是陶渊明的本意。

陶渊明的五言组诗《形影神》，思考的便是生活的意义。他的本性喜欢闲静，可因为读过圣贤之书，便也有了立德立功的志向。陶渊明生活在一个战乱不断的年代，那时的人们常说，读书人应当以天下为己任，出来做官，不是为了拿俸禄的。可是，陶渊明第一次出来做官，就是因为家贫，要靠俸禄来养家糊口。

年近三十的陶渊明，第一个官职是州祭酒，是一个掌管文化活动的小官。刚一入仕，他便觉得自己无法融入，还曾在写给儿子的信中说自己性情刚直，不会敷衍，不会作虚伪的诗，觉得自己才能笨拙。于是，他索性不再做官，回家种地。

可惜，陶渊明种地并没有很好的收成，因为秋天收获的粮食还没到第二年夏天就被吃光了，夏天常常挨饿。因为没有厚的棉被，冬天的夜晚还要挨冻。即便生活过得很苦，陶渊明还是不愿意出去做官，如果让他每天和不喜欢的人打交道、逢迎拍马，还要眼看着他们贪赃枉法，自己却不能说话，这样简直比挨饿受冻更痛苦。

其实，陶渊明一生中做过好几次官，有时是因为家贫，有时是为了建功。可惜，因为生活在一个混乱的时代，陶渊明在官场上并没有什么建树。

他曾在《杂诗》十二首的第五首中写道："忆我少壮时，无乐自欣豫。猛志逸四海，骞翮思远翥。"意思是说，当他年轻的时候，虽然并没有什么值得特别快乐的事情，可是年轻本身就是快乐的事情。那时他也有远大的志向，想立一番功业，也想

第七章　若有诗书藏于心

振翅翱翔到远方。可是,他每一次做官,都没能赶上好的时局;每一任官期,都只有短短的几个月而已。

后来,陶渊明在《饮酒》其五中写道:

结庐在人境,而无车马喧。
问君何能尔?心远地自偏。
采菊东篱下,悠然见南山。
山气日夕佳,飞鸟相与还。
此中有真意,欲辨已忘言。

因为这样的诗句,陶渊明成为许多人心中的人间上仙。虽然叶嘉莹也经常在课堂上分享陶渊明的诗句,但在她看来,陶渊明仅仅完成了自我实现,他的内心却是消极的。在实现政治理想方面,陶渊明是失败的。

叶嘉莹常常把自己的这一想法拿到课堂上与同学们分享,每一次,她都会以陶渊明的《饮酒》之四为例:

栖栖失群鸟,日暮犹独飞。
徘徊无定止,夜夜声转悲。
厉响思清远,去来何依依。
因植孤生松,敛翮遥来归。
劲风无荣木,此荫独不衰。

  托身已得所，千载不相违。

  鸟和人一样，都需要同伴，都不愿离群索居。可陶渊明却在诗中把自己比喻成了一只失去同伴和归属的鸟，在官场上遭受排挤，在生活中失意。

  在叶嘉莹看来，陶渊明算不上一个积极的人，因为他没有冲出去和暴风雨做斗争，没有能力去改造世界，只能去实现自己，也只能离群索居。

  为了实现自己，陶渊明付出了饥饿寒冷的代价，也付出了孤独寂寞的代价。他并不是不想找一个安定的所在，只是他找了许久，也没有找到一个真正清洁的、高远的、没有污秽的所在。最终，他用"孤生松"来形容自己的所处之地，那是他好不容易找到的一方净土，那里只有他一个人，在守着自己的坚持。

  那棵"孤生松"就在他的心里，是他内心的一种境界。在强劲的寒风摧折之下，这棵孤松并没有凋残，于是，他便心甘情愿地把自己的身心交付给这里。以后，无论外界多么艰难困苦，无论需要付出什么代价，他也不会再改变自己。

  虽然陶渊明最后找到了心灵的净土，可在叶嘉莹看来，他的政治理想并未全然释怀，只是践行的勇气不足，不得已退而求自保而已。

  那次讲课结束后，叶嘉莹还创作了一首小诗：

> 花开莲现落莲成，莲月新荷是小名。
> 曾向莲华闻妙法，几时因果悟三生。

或许因为自己的小名叫"荷"，叶嘉莹此生便与荷结缘。她记得自己在二十岁那一年，曾在北平广济寺听讲过《妙法莲华经》，经文的内容她已不记得，只记得其中有两句偈语"花开莲现，花落莲成"。

这两句偈语的含义，是说每个人心里都有一个成佛的种子，就像莲花开放的时候，可以看到花瓣护持着莲蓬，莲蓬中又孕育着莲子。等到花瓣都零落了，莲子便成熟了。也就是说，人如果想修成正果，便要将所有外在的繁华艳丽都抛弃。

在许多海外华裔企业家心目中，叶嘉莹就是中国古典诗词的"代言人"。他们尊敬叶嘉莹正在从事的这份事业，更愿意在资金上给予支持。

2000年，在澳门大学举办的首届词学会议上，叶嘉莹结识了中国澳门实业家沈秉和先生以及夫人，沈先生对中国古诗词也有着深深的热爱。会后不久，他便从澳门汇款一百万元人民币，作为研究所购买书籍、设备之用。

在诸多华裔实业家的支持下，诗词研究所大楼得以顺利落成。大楼建成的那一天，叶嘉莹百感交集。她仿佛看到了中国古诗词得以延续的希望，欣喜与感激之情凝结成诗句：

萧瑟悲秋今古同,残荷零落向西风。

遥天谁遣羲和驭,来送黄昏一抹红。

创作这首诗时,叶嘉莹正从专家楼散步到马蹄湖的小桥上。那是一个秋日的黄昏,叶嘉莹忽然想起《楚辞》中宋玉所写的那句"萧瑟兮,草木摇落而变衰",心头忽然涌上悲秋之思。

她看到马蹄湖中的荷花都已零落,唯有一朵残荷挺立在黄昏落日的斜照之中。叶嘉莹不禁联想到自己,能在晚年还得到这样一个教书的机会,是多么幸福的事情,就像挺立的那一朵荷花,在黄昏时分,还能得到落日送来的一抹红。

能一生与古典诗词结下不解之缘,一直被叶嘉莹当作人生中最大的幸事。她心目中的诗,"有诸中而后形于外""情动于中而形于言"。她常常被中国古代那些伟大诗人的理想、意志、持守、道德感动着,尤其是在混乱的年代里,一个人身处充满战争、邪恶、自私、污秽的世道之中的叶嘉莹,每当从陶渊明、李杜、苏辛的诗词中看到他们那样光明俊伟的人格与修养,便不会丧失自己的理想与希望。

她真的把讲授诗词做成了毕生的事业,直到九十多岁高龄,依然站在讲台上。她希望中国的下一代人能认识到中国传统文化里那些美好的、有价值的东西,领会它们,接受它们,再一代代传承下去。如果做不到这一点,叶嘉莹会觉得愧对自己的师长,更愧对那些伟大的诗人。

中国古典诗词里，有高贵的人格品行和理想意志，尤其是在黑暗中，诗词便是叶嘉莹人生中的一点光明。所谓薪火相传，叶嘉莹希望将这一点光明代代不绝地传递下去。

曾经，叶嘉莹在从专家楼走向新建成的研究所办公楼的路上，蓦然听到几声雁鸣，她举头望向天际，看到一队北雁正在南迁，便顺口吟诵了一首词：

浣溪沙
又到长空过雁时。云天字字写相思。荷花凋尽我来迟。
莲实有心应不死，人生易老梦偏痴。千春犹待发华滋。

叶嘉莹曾经看过一篇报道，里面说从古墓中发掘出来的汉代莲子，经过培养居然可以发芽、开花。这个报道给了叶嘉莹启发：莲花总会凋落，若能将诗词的"莲子"留下来，她的人生便没有遗憾了。

回想当年，叶嘉莹刚开始回国赴各地讲学时，曾写下组诗《赠故都师友绝句十二首》，其中一首写道：

构厦多材岂待论，谁知散木有乡根。
书生报国成何计，难忘诗骚李杜魂。

原本，叶嘉莹是抱着书生报国的理想回国的。因此，多年来在国内各地讲学，她从不收取分文报酬，甚至连路费都是自掏腰包的。直到研究所成立之后，国内各大学的经费也逐渐宽裕，南开大学才开始在叶嘉莹每年回国授课期间为她发放生活费，至于旅费，还是由叶嘉莹独自承担。

再后来，学校招收的硕士、博士生逐渐增多，便开始为叶嘉莹承担旅费。随着叶嘉莹年纪越来越大，学校还将原来的经济舱费用升级成了商务舱费用，叶嘉莹反而觉得自己受到了南开大学的照顾，且深怀感激之情。

不求回报地担起传承中国古诗词的责任，已经被叶嘉莹当作毕生的使命。她的身上，沉淀着历历在目的沧桑，身处喧嚣，她从未迷失，更不彷徨，因为她的心坚定地知道，自己的目标就在前方。

第八章
思接千载,传承古诗词之美

1. 诗词的"摆渡人"

在叶嘉莹心中，始终有那么一隅之地，被她安稳地守护着。世界吵嚷，唯有那个被称为故乡的地方，尚能找寻到一丝宁静。

2005年9月，八十二岁的叶嘉莹踏上内蒙古草原，寻找自己精神上的故乡。早在2003年，位于北京西城区察院胡同的老宅就已被夷为平地，当时叶嘉莹尚在加拿大，她是从华新民女士写给自己的公开信中才得知这一消息。

为了保护老宅，叶嘉莹承受着巨大的压力，有时候她刚刚给南开大学的学生讲完课，还要马上打电话用疲惫的嗓音沟通保护老宅的事项。可是，老宅最终还是消失了，关于老宅的一切，只剩下几张古老的照片，以及邓云乡先生多年前所写的一篇描写察院胡同23号的文字——《女词家及其故居》："这本身就是一幅弥漫着词的意境的画面。女词家的意境想来就是在这样的气氛中熏陶形成的。"

那段时间里,华新民时常在电话中安慰和鼓励叶嘉莹。然而,当得知老宅被拆除的那一刻,就连华新民自己都泣不成声。

老宅被拆除后,一位名叫刘晓琴的网友曾写下这样的话:"我常常会想,一生为别人带来美丽、让别人感受美的叶先生,她还愿意回来吗?在她的祖国,竟然连家都没有了。"

或许,叶嘉莹这一次来内蒙古的寻根之旅,便是对这个问题最好的回答。叶嘉莹一生漂泊辗转于各地,苦难接踵而至,让她几乎没有多余的时间和精力来伤感。于是,她只能承受,只能坚持,只能四海为"家"。

不过,在这个世界上,只有察院胡同的老宅,是叶嘉莹认同的家,其余任何一个地方,不过被她当作临时的宿舍而已。老宅被拆除后,叶嘉莹成长的根也被铲除了。站在一望无际的草原上,她回想自己飘零的身世,回想那座被夷为平地的老宅,一种巨大的孤独感突然笼罩过来,于是,她写下了这样的诗句:

余年老去始能狂,一世飘零敢自伤。
已是故家平毁后,却来万里觅原乡。

脚下这片广阔的草原,便是叶嘉莹心中那片原始的故乡。追觅原乡的过程,似乎是一个反思生命的过程。为了寻找心灵故土,叶嘉莹做出了一生的努力。

这次还乡之旅,叶嘉莹还作了另外一首诗:

右瞻皓月左朝阳,一片秋原入莽苍。

伫立中区还四望,天穹低处尽吾乡。

在诗的后面,叶嘉莹还加了一段自注:中秋后二日经过广袤之草原,地势平广,空气清新,西天皓月犹悬,东天朝阳已上,蓝空白云一望无垠,实为难得之景观。

此刻,她站在广袤的草原上,有了一种全新的感悟:家园具足于天地,故土即在于心间。

用"物质上的困顿"与"精神上的富足"来形容叶嘉莹的前半生,实在是再恰当不过。虽然叶嘉莹曾是大户人家的女儿,但她的富庶生活并未持续太久。

当日本人开始侵略华夏土地,叶嘉莹的生活已经逐渐显示出困顿。尤其是在叶嘉莹的父亲与家人失去联系、母亲又因病去世之后,当时只有十七岁的叶嘉莹,就已经过早地体会到了人生的疾苦。

也是从那时开始,苦难便常伴她的左右。可是,对于物质上的艰苦,叶嘉莹似乎并不以为意。那时,她的精神力量来自《论语》和《孟子》,那是叶嘉莹小时候的开蒙读物,里面讲述的道理,早已在她心底扎下了根。

于是，在此后的岁月里，虽然四处辗转飘零，物质上乃至肉体上的困苦都从未让叶嘉莹屈服，即便是在抱着女儿寄人篱下的时候，一张小小的书桌也足以填充她的精神世界。

叶嘉莹将这份质朴完好地保留了下来，晚年回国任教之后，她对物质生活依然无欲无求。其实，与当年国内的环境相比，温哥华的各方面条件显然更好一些，如果留在温哥华，叶嘉莹可以享受到良好的医疗保障和生活环境，可她还是毫不犹豫地回来了。不仅如此，她还将自己退休金的一半拿出来，用于古典诗词研究事业。

在很长一段时间里，叶嘉莹总是拖着沉重的行李往返奔波于加拿大与中国之间。她从不觉得疲累，反而觉得满足。用她的话说："在国外工作，不足以完成一个中国古典诗歌教师的使命，因为我们中国文化的根基、传统是在我们自己本国，要把这个根基和传统延续下去，必须回到中国，去教中国的学生。"

在国外从事诗词研究工作多年，叶嘉莹早已习惯了用最简单的食物解决三餐问题。这并不是良好的习惯，可她从不在乎食物是否足够营养、衣服是否昂贵，只求吃饱穿暖，之后便一头扎进诗词的世界里。

安逸的生活，不能体现人生的价值。亲自体会古典诗歌的美好，再把这种感受告诉下一代的年轻人，把每一个不懂诗的人引入诗词的世界，这才是叶嘉莹人生的意义。

有时，看到年轻人过于依赖和崇拜物质生活，叶嘉莹也会忧虑。一方面，她为中国经济的飞速发展而喜悦；另一方面，她也担心年轻人在飞速奔跑的脚步中丢了自己民族最质朴的文化传统。

叶嘉莹形容自己只是一名诗词的"摆渡人"，希望每一个听她讲课的人，都是简简单单的"乘客"。她常说："我之所以这么老还在教书，是因为中国有这么多宝藏，但现在的年轻人走不进去，如入宝山空手回，这是年轻人的悲哀。"

为了中国古典诗词的传承，叶嘉莹放弃了闲居享清福的快乐。每年，她除了接受各种讲学活动的邀请之外，全部剩余时间便是躲在不列颠哥伦比亚大学崖州图书馆中自己那间窄小的研究室内，研读和撰写新的论著。她的午餐依然是一份简单的三明治，每天一直工作到黄昏时分，才自己开着车回家。

2007年夏天，因为家事繁忙，叶嘉莹几乎放弃了回国讲学的计划。那一年，她已经是一名八十四岁的老者，身体常常生病，这也让她心生忧虑，便写下两首绝句：

连日愁烦以诗自解，口占绝句二首，首章用李义山《东下三旬苦于风土马上戏作》诗韵而反其意；次章用旧作《鹧鸪天》词韵而广其情：

其一

一任流年似水东，莲华凋处孕莲蓬。

天池若有人相待，何惧扶摇九万风。

其二

不向人间怨不平，相期浴火凤凰生。

柔蚕老去应无憾，要见天孙织锦成。

李商隐曾在诗中说："路绕函关东复东，身骑征马逐惊蓬。天池辽阔谁相待，日日虚乘九万风。"意思是说，自己每天都在风沙之中奔走，所追逐的不过是秋风里的断梗飘蓬。而他要去的那个地方，很可能并没有人在等待着自己，即便走到了，也不过是另一处孤独、寒冷、寂寞的所在而已，恐怕人生只能沉浸在失意落空的悲哀和困顿之中。

叶嘉莹觉得，像李商隐这样的人，即便追求梦想，也是等待着别人的成全。叶嘉莹不赞同这样的想法，作为受过儒家教育的女性，她一生追求的都是一种自我完成。所以，一切痛苦和不幸，她皆能承受，且相信人是在痛苦中成长起来的，就像浴火重生的凤凰，经历了磨难与考验之后，才能达到一种自我完成的境界。

2008年，北京大学出版社出版了《迦陵著作集》，其中包括叶嘉莹的八本著作：《迦陵杂文集》《迦陵论词丛稿》《迦陵论诗丛稿》《词学新诠》《清词丛论》《唐宋词名家论稿》《杜甫秋兴八首集说》《王国维及其文学批评》。

《迦陵杂文集》中，汇集了叶嘉莹创作的散文、书写的信函、序言、铭文等，皆是叶嘉莹袒露情怀之作，从这本文集中，可以窥见叶嘉莹坎坷的身世。

《迦陵论词丛稿》被很多人称为叶嘉莹最特别的一本书。因为这本书虽没有讨论经典作品，却成为词学研究的典范著作。叶嘉莹不仅通过这本书教读者如何读词、鉴赏词，更教会读者去感受生命在质与量上的精微差别。

《迦陵论诗丛稿》则收录了叶嘉莹对中国古典诗歌经典作品——《诗经》《古诗十九首》，以及重要作家陶渊明、谢灵运、杜甫、柳宗元、李商隐诗歌的感性解读。

除此之外，《迦陵论诗丛稿》中，还收录了我国著名文学家缪钺为其所写的一篇题记。叶嘉莹与缪钺先生的友情，始于文人间的惺惺相惜。

早在20世纪40年代，叶嘉莹就读过缪钺所著的《诗词散论》，十分钦佩。1980年，缪钺先生读了叶嘉莹的《迦陵论词丛稿》，也非常欣赏。在第二年四月举行的杜甫研究会首届年会上，叶嘉莹与缪钺首次相遇，立刻成为知己。当得知《迦陵论诗丛稿》即将出版，缪钺便主动提出撰写题记。叶嘉莹的著作大多是自己撰写题记，这本书是为数不多的由别人撰写题记的著作之一。

《词学新诠》是一本以现代观念和理论为工具，对传统词学进行科学开发与归纳的专著。叶嘉莹在书中建立了一个适合现代人理解词学的理论框架，她的传统文化修养与西方理论学养在书中得到了淋漓尽致的体现。

《清词丛论》原本是台北"中研院"词学主题研究计划成果之一，主要讲述了清词的创新与开拓。

《唐宋词名家论稿》被称为叶嘉莹论词著作中探讨最深的一本书。其中收录了十七篇叶嘉莹撰写的论文，除了第一篇《论词的起源》外，分别论述了温庭筠、韦庄、冯延巳、李璟、李煜、晏殊、欧阳修、柳永、晏几道、苏轼、秦观、周邦彦、陆游、辛弃疾、吴文英及王沂孙等十六位名家的诗词作品。

叶嘉莹觉得，自己挑选的这十六位词人，虽不能代表唐宋词的整体发展，但也具体展示出词的发展过程。她希望读者可以通过这一册书，既能体会到"词的欣赏的喜悦"，也能得到"史的知识的满足"。

《杜甫秋兴八首集说》是叶嘉莹的第一本诗学著作，对杜甫晚年律诗的代表作《秋兴八首》做了精微和深刻的分析，堪称杜甫及古典文学研究的必读书。

创作这本书时，叶嘉莹还在台湾各大学讲授"杜甫诗"专书课程。当时是20世纪60年代，为了说明杜甫诗歌集大成的成就，叶嘉莹用了整整一个暑假的时间，走访了台湾各大图书馆，共辑录自宋代至清代的杜甫诗注本35家，不同版本49种。

当时的图书馆，还没有配备复印扫描设备，叶嘉莹收集的资料又都是珍藏本，不能轻易带出图书馆，只能在馆内翻阅。

于是，叶嘉莹就一个字一个字地抄录下来，这些资料也因此而更加宝贵。

叶嘉莹在这本书的序言中写道："这一册书对一般读者而言，或许未必有详细阅读之兴趣，但事实上，在这些看似繁杂琐细的校辑整理而加以判断总结的按语中，却实在更显示了我平素学诗的一些基本修养与用功之所在。"

《王国维及其文学研究》同样是一册专著，其中以王国维的性格及生活的时代为线索，探讨其治学途径的转变。

这些书籍的出版，源自叶嘉莹一生对文字材料的珍视。之前每年回国讲学，她都要拖着成箱的研究资料，返回温哥华时再将所有的资料打包带走。叶嘉莹的助手曾调侃她，对什么东西都马虎，就是对文字不马虎。

叶嘉莹之所以如此珍视这些资料，之所以要出版这么多与诗词相关的著作，就是不希望中国人守着中华文化的丰富宝藏却一无所知。她愿意把自己知道的都说出来，说给年轻人听，这便是她生命的目的。

同样是在《迦陵著作集》出版的这一年，叶嘉莹的丈夫赵钟荪在温哥华去世。叶嘉莹为此写了三首七言绝句：

戊子仲夏感事抒怀绝句三首

回首流年六十秋，他生休结此生休。

桑榆暮景无多日，漫说人间有白头。

每诵风诗动我思，有无黾勉忆当时。
蓼辛茶苦都尝遍，阻德为仇信有之。

剩将书卷解沉哀，弱德持身往不回。
一握临歧恩怨泯，海天明月净尘埃。

六十年婚姻，叶嘉莹从未享受过白头偕老的幸福。如今，她自己已经是桑榆晚景，回想这六十年，难免有遗憾与痛苦。可是，她从未求人可怜自己，甚至从未自怜过，而是将全部情思都寄托在诗词之中，承受着所有的痛苦与哀愁，且保持着自己的持守，还尽到所有身为妻子的本分。

赵钟荪离世前，曾伸出手来要握叶嘉莹的手，叶嘉莹希望他走得平安，便与他相握。经历过生死，所有的恩怨都可以一了百了了。

2010年，叶嘉莹在南开大学时收到友人从温哥华寄来的信，信中询问她返回加拿大的日期。那时，叶嘉莹正在病中，便写了一首小诗作为答复：

病中答友人问行程
敢问花期与雪期，衰年孤旅剩堪悲。
我生久是无家客，羞说行程归不归。

八十六岁的叶嘉莹，早已尝遍人生甘苦。这个世界上，除了一个远在异国他乡的女儿之外，这个家中便只剩下她一人。无论遥远的温哥华，还是此刻所处的南开大学，都不是叶嘉莹的故乡。身处这个世界，她不过是一个没有家的游客而已，哪里谈得上"归"与"不归"的问题。

2. 叶落南开

随着年岁越来越大,叶嘉莹开始有了回国定居的打算。当年决定留在南开大学任教,除了因为李霁野先生的邀请以外,还有一个吸引叶嘉莹留下来的原因,那就是南开大学马蹄湖畔的一片荷塘。每次见到这片荷塘,叶嘉莹都能感受到其孕育出来的一种精神和风骨,因此,这片荷塘便成为叶嘉莹闲暇时最喜欢的散步之地。

那年九月十六日,叶嘉莹与两位好友在马蹄湖附近散步时,谈起了对研究生的期待和盼望。这次谈话之后,叶嘉莹便用自己的心里话填了一首词:

鹧鸪天

似水年光去不停。长河如听逝波声。梧桐已分经霜死,幺凤谁传浴火生。

花谢后,月偏明。夜凉深处露华凝。柔蚕枉自丝难尽,可有天孙织锦成。

这首诗词,表达了叶嘉莹对学生们的深切期望。她最庆幸的,就是自己虽年事已高,身体还算硬朗,还可以乘坐飞机往来于大洋两岸,还能开堂授课。不过,有时候,叶嘉莹也会觉得自己的精力大不如前,好在,身边还有许多关心她的好友。

温哥华的刘和人女士与中国澳门的沈秉和先生提出要为南开捐献一笔启动资金,用来为叶嘉莹建设一个可以集科研、教学与生活居住为一体的住所。这个提议立刻得到了南开大学的热烈回应。

刘和人女士与沈秉和先生各捐出一百万元人民币之后,南开大学立刻开始进行进一步的筹划工作。因为叶嘉莹喜爱荷花,喜欢南开大学的马蹄湖,于是南开大学便选择了一处靠近马蹄湖的地方,作为以后修建学舍的基地。

当年,叶嘉莹飘零在外时,一心想要回去的地方,是北京的老家。如今,位于北京察院胡同的老家早已被拆除,叶嘉莹的两个弟弟也相继去世,南开大学已经成为叶嘉莹的另一个家。

叶嘉莹和南开大学的马蹄湖与荷花,可谓结缘颇深。2013

年，南开大学筹办首届荷花节，叶嘉莹用一首小诗来纪念自己与南开大学马蹄湖的情谊：

结缘卅载在南开，为有荷花唤我来。

修到马蹄湖畔住，托身从此永无乖。

对于叶嘉莹而言，诗中最后一句的"永无乖"三个字，包含了三重意愿：其一是表示叶嘉莹将长久以此为家，不再远离；其二是暗喻叶嘉莹将以湖中荷花的君子之德自相惕厉，永无乖违；其三是更深一层的寓意，那就是叶嘉莹对后辈青年学子的祝愿，希望他们能拥有勤于治学的精神。

为叶嘉莹修建的居所，历时两年，在2015年10月17日建造完成，并以叶嘉莹的名号命名为"迦陵学舍"。

整座迦陵学舍的建筑面积约五百五十平方米，是一座四合院式的中式书院建筑。从此，叶嘉莹便定居于此，时隔六十余年，她在祖国终于再次有了一个属于自己的家。

迦陵学舍建成之时，叶嘉莹早年就读的辅仁大学所在地——北京恭王府向她赠送了两株西府海棠作为贺礼；在温哥华不列颠哥伦比亚大学亚洲学系担任教授的施吉瑞以叶嘉莹学生的身份专程前来，将一株紫玉兰作为贺礼，为老师的居所增添雅趣。

回国定居之后，叶嘉莹总是想起顾随先生对自己说过的话："要以无生之觉悟，为有生之事业；以悲观之体认，过乐观之生活。"因此，即便已经年过九十，叶嘉莹还在坚持讲诗词，她要让那些美好、有意义的中国传统文化传承下去，让下一代更好地领会、接受。

晚年的叶嘉莹，追寻的并非安定闲适的生活。她希望回国定居能成为她教书育人的新起点，于是，她似乎比从前更加充满紧迫感，前往祖国各地讲学也越发频繁。

关心她的人，都劝她少讲一些课，多保重身体。可叶嘉莹觉得，只有站在讲台上，自己的生命才有意义，因此，哪怕让自己的生命结束在讲台上，她也愿意。

无论多大年纪，叶嘉莹都执意站着讲课。这位九十多岁的老人，每当讲起中国古诗词，仿佛就会焕发出青春活力。她也曾感慨诗词有生命，读诗词能让人心灵有力量。

教书育人，就是叶嘉莹报效祖国的方式。正如她自己所说："我平生志意，就是要把美好的诗词传给下一代人。"

当一颗心在高速度、快节奏的生活中疲惫不堪的时候，不妨试试读古诗词，那里面有能让人慢下来的句子。

慢下来，是一种让心灵得到滋养的方式。古诗词就像一双温柔的手，可以轻轻解开心头的束缚，将心灵的空间释放，让光阴缓慢且美好。

慢下来的生活究竟有多美？古人早已在诗词中给出了答案。陶渊明说："采菊东篱下，悠然见南山。""暧暧远人村，依依墟里烟。"他在世外桃源中感受着四季的精美，在慢时光中安放自己的灵魂，养出心中的一段诗意。

王维则说："人闲桂花落，夜静春山空。""松风吹解带，山月照弹琴。"寻一处僻静之地，任时光不慌不忙，轻轻流淌，许多事情，无须在脑海中留下深刻的记忆，心自然便静了下来。

苏轼也说："小舟从此逝，江海寄余生。""纵一苇之所如，凌万顷之茫然。"那是一种带着禅意的慢生活，在生活的缝隙中，也能觅得一缕安然。

叶嘉莹迫不及待地希望更多人能与诗词进行亲密接触，在诗词中欣赏人世熙攘，不要在劳碌中辜负了美景。她是古诗词的受益者，许多无助与寂寞的时候，是诗词给予她莫大的慰藉。

她总是告诉年轻的学子，也许你们现在很难理解诗词的深意，但总有一处风景、一种心情，会让你突然想起某一句古诗词，因为只有这句诗词，才足以形容你此刻的感受。

叶嘉莹知道，并不是每个人都像她一样，自幼便与诗词亲密接触。关于成年人如何进入诗词的国度，她觉得，《周礼》中太师教国子诗歌入门曾用的六个方法——兴、道、讽、诵、言、语，直到如今依然适用。

"兴"即兴发感动，是指读诗词时，要体会作者内心深处的感情。

"道"即引导，为自己找到懂诗词的老师，引导自己正确理解诗歌的意思。

"讽"即背诵，这样才能更好地体会诗词的深厚意蕴。背诵也是积累的过程,当积累到一定词汇量,对诗的美感便有了更深入的感受。

"诵"即有节奏、有声调地吟诵。叶嘉莹认为,吟诵是学习古典诗词的入门方法,吟诵才能感受诗歌的韵律之美。吟诵的时候,对诗歌能有一种更细致深刻的体会和感受。

"言"和"语",放在一起理解,就是你说一句话引一句诗,我答一句话也引一句诗。只是在现代社会里,这种一来一往的诗词交流方式已不多见,所以,叶嘉莹还是建议成年人多背诵、多吟诵古诗词,把基础打牢,便自然能进入诗词的世界。

她鼓励人们多读诗,并且总能找到恰当的诗词,去解决日常生活中的诸多困扰。她告诉现代的年轻人,诗词会对我们的生活进行指引。为了证明这一点,叶嘉莹总在课堂上举例:

缚鸡行

小奴缚鸡向市卖,鸡被缚急相喧争。
家中厌鸡食虫蚁,不知鸡卖还遭烹。
虫鸡于人何厚薄,吾叱奴人解其缚。
鸡虫得失无了时,注目寒江倚山阁。

这是杜甫的诗,他在诗中讲了一个小故事:一日杜甫回家,还没进家门,就听见家里鸡飞狗跳。原来是家中仆人正在院子里抓鸡,鸡四处逃跑,院子里乱成一团。杜甫问仆人为何抓鸡,仆人说鸡总是吃院子里的小虫子,所以要把它抓住卖掉。杜甫却说,如果把鸡拿到集市上卖掉,它不是要变成别人的盘中餐吗?我们到底应该是怜悯鸡,还是怜悯虫子呢?于是,便让仆人把鸡放开了。

这样一个简单的小故事,似乎更适合讲给孩子听,可是,对于成人的世界,这个小故事背后的大道理,却引人深思。

杜甫用寥寥数语,告诉人们不要斤斤计较。在生活里,类似在乎鸡还是在乎虫子这样的得失问题永远存在。人生在世,总有困惑与挣扎,于是,杜甫找到了自己的解决方式。他说"注目寒江倚山阁",意思便是说,每当有困惑与烦恼的时候,他便走出门去,望一望远处阔大高远的景物,为自己的心灵和思想寻找一个更加阔大高远的目标和方向,这便是对抗烦恼最有力的办法。

心胸狭窄的人,永远都不会快乐。心胸豁达的人,遇到再多、再大的麻烦,也能志存高远,将自己抽离出来。所以与其与鸡零狗碎消耗时间,不如为自己另找出路。

杜甫的诗不仅教人豁达,也教人懂得包容、学会共情:

又呈吴郎

堂前扑枣任西邻,无食无儿一妇人。

不为困穷宁有此?只缘恐惧转须亲。

即防远客虽多事,使插疏篱却甚真。

已诉征求贫到骨，正思戎马泪盈巾。

杜甫在诗中讲了一个与人为善的故事：杜甫把自己以前的房子让给吴郎来居住，这座房子西边的邻居是一位老妇人，她无儿无女，孤苦无依，所以，每到枣子成熟的季节，便来打枣吃。

可是，自从吴郎住进这里，便将枣树和自家房子用篱笆围到了一起。老妇人不能再打枣吃，见到杜甫便和他唠叨：以前你在的时候还好，现在你不住在这里，我也没有枣吃了。

杜甫可怜老妇人，便写信给吴郎，请吴郎让老妇人打枣吃。杜甫还在信中说，一个人若不是穷困到了极点，怎么会靠打别人家的枣来充饥果腹呢？若我们能感同身受到她打枣时的那种胆战心惊，便应该对她更加宽容才是。

懂得换位思考，体会别人的不易，对人包容，会为自己带来快乐。人生在世，遇见的不一定都是好事，如果每个人都学会为别人考虑一点点，这个世界上的沟沟坎坎就没有那么难过了。

所以，叶嘉莹常说，你在生活中遇到的一切问题，中国古典诗词里都有答案。

叶嘉莹最喜欢用"兴发感动"这个词来形容古典诗词的本质。几乎每一堂课上，她都会说："古典诗词写的是古代诗人对其生活的经验和生命的反思，当我们的心灵通过诗词与古人交会，对自己会有感动和兴发，从而可以感受到当下的存在。"

如何判断一首诗的好坏？叶嘉莹认为，不要盲目崇拜名家、名人的诗作，而是要注重诗词的本质，"兴发感动"就是诗词的生命内核。

所谓"兴发感动"，是说首先内心要有一种感发，心中动情，然后再用语言表达出来，这是诗歌孕育的开始。如果只写眼中所见，那叫记叙；内心没有感动，就写不出好诗。

讲解诗人因感动而成诗的心路历程，叶嘉莹常用杜甫《曲江》中的前两句为例："一片花飞减却春，风飘万点正愁人。"因为杜甫有敏锐的心灵，所以他对春天便有着完美的追求。在他看来，一片花飞代表着春光的破碎和不完整，所以他说："一片花飞减却春。"

一片花飞就已令杜甫伤感，更何况等到狂风骤起，吹落万点繁红，那岂不是更令人忧伤？于是杜甫又说"风飘万点正愁人"。这两句诗，正是杜甫看到花飞花落，引起心中的感动而写成。

有些人误将诗词的华丽与否当成判断诗词好坏的标准，叶嘉莹最不赞同这种形式主义。针对这一点，她还是以杜甫的诗句为例。

杜甫在《羌村三首（其三）》中写了一句"群鸡正乱叫"，整句诗没有一个华丽的字眼。对比之下，叶嘉莹又用晚唐诗人的一句"鱼跃练川抛玉尺，莺穿丝柳织金梭"来与杜甫的诗句比较优劣。

对不懂得诗词兴发感动理念的人来说,"群鸡正乱叫"一定算不上好诗,而"鱼跃练川抛玉尺,莺穿丝柳织金梭"不仅辞藻华丽,且对仗工整,仿佛透过诗句,就能看到一条鱼跳出来,像一根玉尺横过像白绸一样的水面;还能看到黄莺穿过像丝线一样的柳条,飞来飞去,宛如金梭在丝线中穿织。

　　而对于懂得兴发感动的人来说,则会给出相反的答案。

　　读诗,要先懂得诗人的经历和创作背景,再去读他的内心。那时的杜甫,刚刚经历了安史之乱中与家人长期分离,且不知家人生死。回到家里与家人团聚之后,杜甫才写下了"群鸡正乱叫"这样的诗句。它虽不华丽,却有最朴实、最深厚、最热烈的感情。

　　而晚唐诗人那两句华丽的诗,却完全找不到内心之中感发的活动。这样的诗没有生命,算不上好诗。

　　有学生曾问叶嘉莹:是不是只要用真情所写,就一定是好诗?叶嘉莹的回答是否定的。诗人用真情写诗一定是对的,但只有让读者也能感受到自己的真情,才称得上好诗。

　　想要让别人感受到自己的真情,不是一定要用最美的字眼,而是要用最合适的字眼。杜甫的那句"群鸡正乱叫",单独看上去或许不像好诗,但如果读完全部《羌村三首》,便能读懂杜甫的感动。

　　所以,一首诗是一个完整的生命,每一个字,每一个句子,都起着一定的作用。好诗不仅不一定需要华丽的字眼,有时候,一些"丑"字反而更能表达感情。比如杜甫笔下的"麻鞋见天子，衣袖露两肘""亲故伤老丑"，这些质朴的"丑"字，更能表现出杜甫经历的艰苦生活，给人以真正的感动。

3. 心头有火焰，望一灯燃百千灯

叶嘉莹从小便在诗词的世界中成长，是古诗词影响了她的人格塑造，所以她深信，在中国当代文化建设和教育中，古诗词的作用依然十分重要。

在南开大学的课堂上，叶嘉莹曾说："古典诗词里蕴含的，是我国文化的精华，是当年古人的修养、学问和品格。现在的青年一般都不喜欢读古典诗词，因为它的语言是古典的，里面又有很多典故，有很多历史背景，他们自己看是很难看到里面的好处的，难免对之感到冷淡隔膜，这是很大的损失。所以我要把这些好处讲出来，希望能够传达给他们，让他们能够理解。"

从20世纪80年代，叶嘉莹便开始提倡诗词教育最好从娃娃抓起。她说："想真正培养出对中国古典文学和古典文化有兴趣、有修养的下一代,实在应该从一个人的童、幼年开始才好。"她还说:"我深信孩子们如果能在童、幼年时代诵读吟唱我们中国的古典诗词,长大以后不仅能够成为富有爱心、对社会和人类更加关怀的人,而且还能使他们在学习中更富于联想和直观的能力,从而提高他们的人格修养。孩子们长大成人后,无论从事任何行业,都将终身受益。"

于是,让孩子从小学习古诗词,被叶嘉莹当成了自己的一份社会责任感。

其实,叶嘉莹对儿童诗词教育的重视,源自她的小女儿的建议。在20世纪80年代,她的小女儿就告诉她:"对中国古典文学人才的培养,等到了大学和研究所时才开始注意,已经太晚了。如果想真正培养出对中国的古典文学和古典文化有兴趣和有修养的下一代,实在应该从一个人的幼年时代开始才好。"

女儿的建议,更坚定了叶嘉莹要在有生之年为儿童诗词教育做出贡献的决心。2014年,叶嘉莹与友人合作编印了《与古诗交朋友》,这是一本教儿童学古诗的读物,旨在让孩子们在童年时代学会古诗的诵读和吟唱,这样不仅能使他们长大后成为富有爱心的、对社会和人类都更有关怀的人,而且能使他们在学习中更富于联想和直观的能力,无论是在文科或理科方面,都可以因此而获得更为突出的成就。

《与古诗交朋友》这本书中一共选录了一百首古诗,都是五言、七言绝句,每一首诗都适合儿童的心智和兴趣,每首诗后面还附有简单的注释和作者介绍,还配有插图和教读参考,并且加了注音。

叶嘉莹不仅为这本书作序,还亲自诵读配音,录制了一张吟诵的光盘,为青少年学习古诗提供了声情并茂的样本。

2015年,叶嘉莹亲自甄别、挑选了218首最适合孩子阅读的不同风格的中国古代经典诗词,集结成册,出版了《给孩子的古诗词》一书。

这本书是叶嘉莹的心血之作,她希望以古典诗词中所蕴含的一种感发生命的力量,带给孩子感动和召唤,提升孩子的心灵品质,培养他们成长为有感觉、有感情、有修养的人。

为了让孩子们更好地领会古诗词中蕴含的感动和召唤,叶嘉莹又花费了近一年时间,亲自为孩子们讲解、吟诵这218首经典诗词,并在2016年推出了《给孩子的古诗词·讲诵版》。

她从这218首古诗词的作者生平开始讲起,再讲述具体诗句的解释、单字的发音,以及诗词内涵的解读,这本书中蕴含了叶嘉莹对中国古典诗词的真诚热爱,并且,她以这种独一无二的方式,向孩子们展现古典诗词中生生不息、充满兴发感动之力的生命。

这本书一经问世,不仅在儿童教育领域掀起一阵诵读热潮,在成人世界里也获得了诸多好评。叶嘉莹还说:"只要我的能力还可以讲,我愿意一直讲下去。"并且,针对儿童诗词教育,叶嘉莹还总结出一套方法。

她建议，小孩子即便暂时读不懂诗句的内涵，也要多背诗。这是叶嘉莹通过亲身经历总结出的经验。从小，叶嘉莹就大量背诵古诗，小孩子虽然理解力差，但记忆力很强，多背诵一些经典，等长大后经历多了、理解力强，自然就会懂，并且会受益终身。

除此之外，叶嘉莹还建议小孩子要在幼年时期阅读最有价值的古典诗书，在思想上积累价值。现代教育更喜欢让小孩子背诵一些朗朗上口、浅显易懂的诗，可是，叶嘉莹觉得这些诗并没有什么用。随着人的成长，那些有价值的古典诗词会被记忆调动起来，如同智慧库，为孩子一生提供不尽的资源。

比如叶嘉莹自幼便读《论语》，当时根本不理解其中的深意。但是，在后来的人生历程中，经历各种遭遇的时候，叶嘉莹总是不知不觉想起《论语》中的话，体悟到儒家思想中柔顺而坚韧的美德。渐渐地，她的脾气不再急躁、不再倔强，对一生的为人处世产生了深远的影响。

小孩子虽然理解能力不强，但叶嘉莹觉得，小孩子的智能并不差。那些真实质朴、拥有最直接和最赤诚情感的诗句，可以触碰到孩子们的内心。

不过，叶嘉莹也提倡要提高幼儿教师的诗词讲解能力。只要老师讲得好，哪怕是像杜甫的《秋兴八首》这样略显深沉的诗句，孩子们也一样能理解、会背诵。读诗不在多，在于精，只有接触到诗词中的精华，才能让古典诗词产生应有的作用。

为了让孩子们更好地理解古诗词，叶嘉莹还在《给孩子的古诗词》中配上精美的插图，即便诗中的古意难以琢磨，孩子们也能从插图中寻得一丝古韵。

叶嘉莹最看不得的，是家长为了满足自己的虚荣心，强迫孩子接受诗词教育。更可怕的是，有些家长自己都不懂诗，还将自己的错误知识煞有介事地教给孩子。

孩子对于诗词的喜爱，是循序渐进地培养出来的。如果家长自己不懂诗词，就要有与孩子一同学习诗词的谦虚和耐心。

这也是叶嘉莹出版《给孩子的古诗词》的目的之一，这本书不仅适合孩子，也适合大人重新温习古诗词。许多家长可能在自己的童年时代背诵过许多古诗词，当时并没有弄清楚其中的含义，即便长大后有了许多经历，也没有回想起古诗词中的智慧。那么，通过《给孩子的古诗词》重温一下当年背诵过的诗词，也是一场返璞归真的自我教育。

叶嘉莹并不提倡家长在指导孩子学习古诗词的过程中制定考核标准，她认为应该把诗词交给孩子自己去解读，无论读到什么感悟，都是属于孩子自己的，这比别人强加给孩子的感悟更加深刻。

别人眼中的叶嘉莹，永远是谦逊温和的模样，但是，在关于孩子的诗词教育方面，她也曾发过脾气。

2012年暑假，叶嘉莹和自己的学生张静正在加拿大不列颠哥伦比亚大学访学，中途因为有一件和中小学诗词教育有关的事情，叶嘉莹便和张静提前回到了北京，与一位主管教育的高层领导座谈。

座谈中，那位领导请叶嘉莹介绍一下儿童古典诗词教育的方法和经验，叶嘉莹欣然应允，并且非常认真对待这件事。她要来了一套教育部门出版的教学教辅教参资料，回家后一页一页地翻看，并且做了非常详细的批注。

当读到《登鹳雀楼》这首古诗的讲解的时候，一向温和的叶嘉莹突然拍案而起，她说："如果我们的古典诗歌再这样教下去，这个根就要断了。"

原来，教参中是这样讲解的："白日依山尽"就是太阳下山了；"黄河入海流"就是水奔流到海了；"欲穷千里目，更上一层楼"，就是如果你想看得更远，那就要站得更高。

对于这种解读，叶嘉莹严正指出，这是不对的。她认为，正确的解读应该是这样的："白日依山尽"，是一个人向西看到的景象；"黄河入海流"，是朝东望到的景象。这两句诗，说的是一个人自西向东举目四望，找不到一个伴侣，甚至找不到一个对手时的孤独感。

太阳落山与黄河入海，都是人力无法抗拒的无常，面对这种孤独感，我们能做到的只能是"欲穷千里目，更上一层楼"，意思是要通过努力提升自己的修养和精神境界，来对抗这种人世间的孤独。

这首诗的另一重含义是，即便已经达到了一定的层次和平台，见过了"白日依山尽，黄河入海流"这样的美景，还是要不断上进，站得更高、看得更远，生命的意义才能更进一步地提升和彰显。

为了避免类似这种误人子弟的事情发生，叶嘉莹对自己的作品越发精益求精。通过古诗词，把前人的智慧流传下去，让孩子在日后的成长道路上有所启迪，才是身为教育工作者真正的责任。

叶嘉莹在自己九十三岁生日的时候，曾许下一个愿望："我想在我离开世界以前，把即将消失的吟诵留给世界，留给那些真正的诗歌爱好者。"为了实现这一愿望，她一直在研究如何让孩子爱学诗词、学懂诗词的问题。

她觉得，给孩子的诗词读物，不应该只停留在对古诗词的白话翻译方面，应该教孩子们诵读，引领他们从诗篇得到感发，让孩子们真正喜欢上古诗词。小孩子都喜欢听故事，老师在讲解诗词时，应该耐心地给孩子们讲解诗词中的典故。

这一点，叶嘉莹做得非常成功。早在20世纪80年代，她就在不列颠哥伦比亚大学和当地的幼儿园里给小朋友讲过诗，即便是国外的孩子，也可以通过这种方式爱上古诗词。

一次，叶嘉莹在温哥华的幼儿园里给小朋友讲杜甫的《绝句二首》：

迟日江山丽，春风花草香。

泥融飞燕子，沙暖睡鸳鸯。

　　在叶嘉莹讲解之前，孩子们根本听不懂这首诗的意思。经过叶嘉莹妙趣横生的讲解，孩子们很快就懂了。

　　她告诉孩子们，"江山丽"，就是江水啊、青山啊，这些景色大家都看过吗？都很美丽吧。"迟日"不是迟到的太阳，"迟"是慢的意思。

　　当时正值温哥华的春季，白昼很长，早上五点钟太阳就升起来了，一直到晚上九点，天还是亮的。叶嘉莹告诉孩子们，这个时候的太阳就走得很慢，这就是"迟日"的意思。

　　温哥华的春季很美，从二月到四月，满城都盛开着鲜花，每条街都是一片花海。叶嘉莹便告诉孩子们，一阵春风吹来，满城都能闻到花草的香味，这就是"春风花草香"的意思。

　　每到春天，地上的冰雪就会融化，泥土也会变软，小燕子就会飞回来筑巢，这就叫作"泥融飞燕子"。

　　至于最后一句"沙暖睡鸳鸯"，小孩子可能很难理解。叶嘉莹就让孩子们想象一下，在温哥华一家著名的公园里，岸边睡着一对对的水鸟，还启发他们想象鸳鸯的模样。

　　用这样结合现实场景的方式讲诗，孩子们也会觉得诗词简单易懂。当孩子们对诗词产生了兴趣，叶嘉莹还教他们如何作诗。

　　她说："你看，作诗一点也不难，是吗？你看见什么就说什么。看见江山就说江山，看见花草就说花草，看见燕子就说燕子，看见鸳鸯就说鸳鸯。你们都看到什么了呢？"

一个小男孩告诉叶嘉莹，自己看见了小松鼠。叶嘉莹就鼓励他用小松鼠作诗。她还亲自作了前两句："门前小松鼠，来往不惊人。"接着，她告诉小朋友，回家以后再把下面两句想出来，他就学会作诗了。

下一次上课，那个小男孩果然又写了两句诗："松鼠爱松果，小松家白云。"不过，叶嘉莹并没有看懂，便问小朋友什么是小松。小男孩说，小松就是松鼠的名字。叶嘉莹又问："小松怎么家白云？"小男孩笑着回答："我看到它往天上跑去了嘛。"

一首美好的童诗，就这样在叶嘉莹的启发下作成了。她想让孩子们知道，作诗一点都不难。

关于中国儿童的古诗词教育，叶嘉莹还有一个梦想，她说："我梦想有一天，我们中国的小朋友能够把英文诗和中国的旧诗都学得那么好，那我们中华的诗词就后继有人了。"

2016年，叶嘉莹获得了"影响世界华人大奖"终身成就奖。在此之前，她早已声誉在身。她从来没有看重过这些奖项，对于自己，叶嘉莹这样定义："我对于自己从来没有以学者自期，对于自己的作品也从来没有以学术著作自许。然而数十年来我却一直生活在不断讲学和写作的勤劳工作之中，直到现在，我虽然已退休二十多年了，但我对工作的勤劳，还是像以前一样。我之所以有不懈工作的动力，其实正是因为我并没有要成为学者的动机的缘故,因为如果有了明确的动机,一旦达到目的,就会失去动力而懈怠。"

2018年6月,九十四岁的叶嘉莹将自己的全部财产3568万元人民币捐献给南开大学教育基金,设立"迦陵基金",支持中国传统的文化教育;2018年12月,叶嘉莹入选感动中国十佳人物;2021年2月,叶嘉莹入选"中国捐赠百杰榜"课题组十年致敬人物。

在数十年的教学生涯中,叶嘉莹培养了大批中国古典文学研究人才,她的许多学生早已成为加拿大、美国及中国香港、中国台湾各大学的知名教授和学术带头人。

九十九岁的叶嘉莹,只要身体允许,依然会到各地大学讲课。她曾说:"他年若遂还乡愿,骥老犹存万里心。"即便年事已高,她依然坚持尽自己最大的努力去弘扬中国传统文化,她的晚年正如中国古典诗词,光芒万丈,璀璨夺目。她与诗词的缘分,还在继续。

后记

年过九十的叶嘉莹,依然站在讲台上。她内心对诗词的狂热从未减少,这位满头白发的老者勤学刻苦的模样,就如同她当年在课堂上学习时一样。

每当提起诗词,叶嘉莹话语间的深情总是抑制不住。她想要趁自己活着的时候,唤醒更多蒙尘的心,教会更多的爱。

在《人间词话七讲》中,叶嘉莹写道:"读诗和写诗是生命的本能。"因为人是有感情的动物,既有诉说的冲动,也有与外界交流的本能。人的感情唯有抒发出来,人的精神才不会苦闷。所以,叶嘉莹总是说,写诗是最好的抒情工具。

古典诗词里的每一种美,都让人心醉。它可以写尽四季美景,可以述说相思离别,无论是高兴时的"春风得意马蹄疾",

还是相思时的"不见合欢花,空倚相思树",读起来,都美得如痴如醉。

人的烦恼,也能在古诗词的智慧中得以超度。叶嘉莹自己便在人生遭遇的三次毁灭性打击中,靠诗词的智慧完成了自我疏导和拯救。那时,诗词就是她的拐杖,给她支撑的力量,助她走出生命的泥沼。

也曾有学生问叶嘉莹,诗词虽好听,但对实际生活有什么帮助呢?叶嘉莹这样回答:"你听了我的课,当然不能用来评职称,也不会加工资。可是,哀莫大于心死,而身死次之。古典诗词中蓄积了古代伟大诗人的所有心灵、智慧、品格、襟抱和修养。诵读古典诗词,可以让你的心灵不死。"

因为将诗词藏于心中,年过九十的叶嘉莹依然是美丽的,就连她脸上的皱纹都写满了温柔。诗词让她的心灵永远鲜活灵动,让她的声音依然悦耳动听,也让她的身姿依然矫健挺拔。

她总是说:"其实我的一生经历了很多苦难和不幸,但是在外人看来,我却一直保持着乐观、平静的态度,这与我热爱古典诗词实在有很大的关系。现在有一些青年人竟因为被一时短浅的功利和物欲所蒙蔽,而不再能认识诗词可以提升人之心灵品质的功能,这自然是一件极为遗憾的事。如何将这遗憾的事加以弥补,这原是我多年来的一大愿望,也是我决意回国教书,而且在讲授诗词时特别重视诗歌中感发作用的一个主要原因。"

叶嘉莹的小女儿曾骄傲地说:"我妈妈和诗词谈了一辈子恋

爱。"这份爱持续了九十多年，从没有一刻冷却，到了晚年，叶嘉莹对诗词的爱意反而更加深沉。诗词让叶嘉莹的内心变得充实，所以，她从不曾被名利熏心。即便每个人都在盛赞着她身上的光芒，叶嘉莹依然只是兢兢业业地工作着。她眼中的自己，有着最平凡的模样，她要用自己的这份平凡之心，将不平凡的诗词永远讲授下去。

将诗书藏于心，心境便会平和。对于曾经伤害过自己的人和事，叶嘉莹从未抱怨过，反而对那些人和事心生怜悯。对于那些帮助过自己的人，她更是会想尽一切机会去报答、去感谢。

诗词让人的心灵变得柔软，也让人的心境变得豁达。叶嘉莹的前半生是坎坷的，她经历过战火，经历过颠沛流离，经历过不幸福的婚姻，经历过白发人送黑发人的剜心之痛，然而，这一切痛苦的经历，都没有阻止她对生活的热爱。因为她的生活中有诗词，每当吟诵那些唯美的句子，她的心绪便会愉悦平和下来。

其实，叶嘉莹的生活方式算不上健康，为了研究诗词，她总是用最简单的食物打发一顿饭，睡眠也不规律，可是，九十多岁的她，依然能精神矍铄地站在讲台上授课，这便是因为，她所从事的工作与研究，能为她的精神与心灵带来真正的滋养，这是很多人终其一生都无法体验到的充实和快乐。